上

侵食される民主主義

著 ラリー・ダイアモンド
監訳 市原麻衣子

内部からの崩壊と専制国家の攻撃

ILL WINDS

Saving Democracy from Russian Rage, Chinese Ambition, and American Complacency

keiso shobo

ILL WINDS
by Larry Diamond

This edition published by arrangement with
Penguin Press, an imprint of Penguin Publishing Group,
a division of Penguin Random House LLC.
through The English Agency (Japan) Ltd.

日本語版への序文

本書『侵食される民主主義（原書名は *Ill WInds*）』の日本語版は、アジアと世界の民主主義にとって非常に重要な時期に出版されることになった。原書が二〇一九年に出版されて以来、世界の民主主義は急激に悪化し続けている。二〇二一年版の世界の自由度（*Freedom in the World*）報告書においてフリーダムハウスは、十五年間にわたる着実な民主主義の衰退傾向を記録しており、政治的権利や市民的自由またはその両方が減少している国の数は、それが増加している国の数をいずれの年も上回っていることを示している。[1] 私の計算では、二〇一九年は一九九二年以来初めて、人口百万人以上の国の過半数が民主主義国ではなかった年であった。また、世界の人口の過半数（約五二％）が非民主主義国に住んでいたのも、この年が一九九〇年代初頭以降初めてのことであった。インドは今でも選挙民主主義であると私は考えているが、同国で市民的自由、政治的対決のための空間、政治的競争の公正性が低下するペースは憂慮すべきものである。仮にインドが民主主義でなくなったとしたら（V-Dem 研究所は、インドがすでに民主主義でなくなったと考えている）[2]、民主主義国に住む世界人口の割合は、約十七％減少し、全体の三分の一以下になると考えられる。

一九八〇年以降、民主主義の崩壊率は十年ごとに上昇している。世界的な民主化の「第三の波」が勢いを増していた一九八〇年代には、当時存在していたすべての民主主義のうち、それが崩壊した国の割合はわずか六％であった。その後、一九九〇年代にはそれが十％、二〇〇〇年代には十一・五％、二〇一一年から二〇二〇年の十年間では十五・四％と着実に上昇している。他方で、民主主義への移行を果たした国の数は著しく減少している。別の場所で最近紹介したように、二〇〇九年以降に世界で起こった二十の主要な民主化運動は、チュニジアと最近のボリビア（問題を抱えたこの国では、選挙によって民主主義が回復した）を除いて、ほぼすべて失敗に終わっている。[3] 民主主義の崩壊が加速する一方で、民主主義への移行速度は劇的に低下しているのである。一九九〇年代には、専制国家の四三％が民主主義への移行を果たしていた。この割合は二〇〇〇年代には二十％に減少し、二〇一一年から二〇二〇年にかけては十七・三％になっている。この二つの傾向を並べてみると、世界的な民主主義の後退という厳しい実態がうかがえる。民主主義国数の変化率は、一九八〇年代（三四・五％増）と一九九〇年代（二七・三％増）には劇的にプラスであった。しかし、二〇〇〇年代に入るとその拡大は事実上とまり（一・三％増）、ここ十年間では第三の波が始まって以来初めてマイナスになった（二〇一一～二〇二〇年に六％減）。このような理由から、私たちが世界的に経験していることは、本書で私が言う「民主主義の不況（democratic recession）」ではなく、サミュエル・ハンティントンの言う「第三の揺り戻しの波（third reverse wave）」ではないかと指摘する研究者が増え始めている(4)。

過去二回の揺り戻しの波(一九二〇～三〇年代、および一九五〇年代後半～一九七〇年代半ば)が、世界の平和と人権にとって恐ろしい時代であったことを考えれば、現在の長引く民主主義の不況が本格的な「揺り戻しの波」になるのを防ぐことは、アメリカや日本を含む世界の自由民主主義諸国にとって最優先事項であるはずだ。それにはいくつかの理由がある。第一に、民主主義の後退は、きわめて広範な世界的現象である。世界のあらゆる地域、あらゆる種類の政治体制に影響を与えている。自由民主主義国では自由度が低下し、アメリカ、ポーランド、ハンガリー、イスラエル、そして(フリーダムハウスではなく、V-Dem研究所の評価では)日本を含む多くの先進工業民主主義国において、チェック・アンド・バランス、司法の独立、メディアの自由、市民的自由が侵食されている。実際、本書で詳述するように、腐敗したポピュリストであるヴィクトル・オルバーン首相下のハンガリーは、民主主義国ではなくなって久しい。同時に、より多くの民主主義が崩壊しているのみならず、トルコ、フィリピン、バングラデシュなど、戦略的に重要な大国でも崩壊が起こっている。また、インドを筆頭に、ブラジル、メキシコ、インドネシア、ポーランドなど、新興市場の大国がますます非リベラルで権威主義的な方向に向かっている。さらに、ビルマやカンボジアのような競争的権威主義体制の国々は、残忍な独裁に向かって後退しており、他方で、ロシアや中国をはじめとする多くの強力な閉鎖的独裁国は、ますます抑圧的になっている。

われわれは、相互のつながりがますます強まる世界に生きている。良い政治システムとは何かという問いは国境を越えて伝播し、ドイツ人が「時代の精神（ツァイガイスト）」と呼ぶものに集約されていく。二〇世紀の最後の四半期に起こったように、自由の風が吹くと自由な人々の安全性は高まり、民主主義を深め、改善し、高い水準の説明責任を求める社会的勢力を後押しする機運が高まる。これは、既存の民主主義国でも、新興の民主主義国でも同様に言えることである。権威主義の蝕まれた風が吹き荒れると、権利と説明責任をめぐる世界の全般的な環境が悪化し、本書で私が示したように、アメリカをはじめとするきわめてリベラルで安定していると思われていた民主主義国でさえ、ポピュリストや非リベラルな「時代の精神」の影響を受けやすくなる。何世紀にもわたって世界が自由な国と不自由な国に分かれてきたことを踏まえれば、世界のあらゆる場所で自由が不可分であるというのは言い過ぎかもしれないが、自由と民主主義の状況はどこでも重要なのである。

三つの理由から、アメリカ、日本、オーストラリア、ヨーロッパの一般市民は、こうした暗い傾向を懸念すべきである。第一に、私が本書で説明しているように、世界における権威主義的な傾向は、ますます強力になる少数の権威主義国、とくにロシアと中国に後押しされ、操られている。これら二つの屈強な専制国家――一国はかつての全体主義的な超大国で、現在は大国として復活の途上にある国であり、もう一国は新技術を使って全体主義的な性質を取り戻そうとしている新進の超大国である――は、ヨーロッパやアメリカのみならず、日本、韓国、台湾、オーストラリアなど、すべての先進的な自由民主主義国の自由と安全に対する脅威を増大させている。ロシアと中国が大西洋とインド太平洋の自由を脅かすには、領土やシーレーンを占領する必要はない。彼らは急速に決意を強固にし、洗練されたやり方で「シャープパワー」を用いて先進民主主義国を含む世界中の社会に浸透し、プロパガンダを拡散し、社会を動揺させている。シャープパワーは、人を公に魅了し説得するソフトパワーと、軍事力や経済的強制力といったむき出しのハードパワーの間にあるグレーゾーンで行使される。オーストラリアのマルコム・ターンブル元首相が説明したように、これは「隠密的、強制的、または腐敗的」なパワーである。ソーシャルメディア上での操作や攻撃から、企業、大学、シンクタンク、華僑集団への圧力、合弁事業や研究協力を装った技術機密の窃盗まで、多岐にわたる方法で行使されている。

どのような形であれ、中国とロシアによるシャープパワーの展開は、世界のパワーバランスを変えつつある。シャープパワーによって、中国の人民解放軍は驚異的なスピードで拡張しかつ近代化しており、国際法や国際法廷での判決にもかかわらず、南シナ海の事実上全域で主権をますます大胆に主張するようになっている。また、ロシアが二〇一六年のアメリカ大統領選挙をハッキングしたり、人種間の対立や陰謀論を煽っていることにも見られるように、シャープパワーは、しばしばソーシャルメディアを利用した直接的な介入によって、民主主義社会の分裂を操作している。これらの権威主義国は、古いメディア（紙媒体や放送媒体）や新しいメディア（デジタル媒体）を通じてシャープパワーを行使し、市民を民主主義国の同盟関係から遠ざけ、さらには民主主義が最良の政府形態であるという信念からも遠ざけようとしている。もはや民主主義の発展を阻止するだけでは飽き足らず、世界を専制主義にとって安全なものにしようとしている。そのために、高度な監視技術を世界中の専制的支配者に売り込んでいる。そして、国際秩序のルールを書き換え、人権やデジタル権に対する保護を世界的に後退させようと、国際的なフォーラムや制度への浸透を図っている。彼らのグローバルな規範をめぐる計画は、ますます明白かつ攻撃的になってきている。その背景には、一方では支配の正当性に対する永続的な不安があり、他方では多元主義、個人の尊厳とプライバシー、国民主権などのリベラルな価値に対する深い憎悪と疑念がある。こうして、自由の未来をめぐるグローバルな争いが加速している。そして国を問わず、すべての人間に影響を与えている。

第二に、戦いはシャープパワーからハードパワーへとますますエスカレートしている。二〇〇八年以降、ロシアは軍事力を用いて、ソビエト連邦崩壊後で最も民主的な隣国であるジョージアとウクライナを威嚇し、領土を奪取してきた。ウクライナの一部（クリミア）を飲み込み、その東部国境地域を血みどろにして不安定にしたウラジーミル・プーチンのロシアは、（この文章を書いている現時点で）再びウクライナの国境に軍事力を集結させている。その目的は、ウクライナに西側民主主義諸国との提携模索をやめさせることにある。同時にロシアは、北大西洋条約機構（ＮＡＴＯ）同盟を分断し、バルト三国（および場合によってはポーランドも）に自分たちの脆弱性を思い知らせるために、軍事的な挑発行為を行っている。

しかし、第三に、世界の民主主義に対する最大の、そして現在おそらく最も差し迫った軍事的脅威は、ヨーロッパでも旧ソビエト地域でもなく、東アジアにある。一九九六年に台湾が民主主義への移行を完了して以来、中国は、台湾における人民主権が、台湾市民の多くが心の底から望んでいるような、台湾の大陸からの永続的な分離につながるのではないかと懸念している。現在の台湾総統である蔡英文は規律と抑制を見せている。しかし中国が要求する話し合いや統一の時期に台湾が応じないこと、そして中国がソーシャルメディアにおいてトロール（訳注―インターネット上で荒らし行為を繰り返す人）などによるシャープパワー行使を通じて浸透を図り揺さぶりをかけようとしたにもかかわらず二〇二〇年一月の選挙で蔡総統が見事に再選されたことで、中国の戦術に変化が生じている。中国の終身支配者である習近平は、ソフトパワーでもシャープパワーでも台湾を屈服させることはできないという認識を強めているようである。残る手段はハードパワーのみである。

中国がいつ、どのように軍事的・経済的強制力を行使するかは誰にもわからない。しかし、すでに北京当局は、香港の民主派勢力に対して我慢する素振りをやめている。二〇二〇年六月には、過酷な国家安全維持法を強要した。「自治区」であるはずの香港の人々が、二〇一九年の大規模な抗議活動で断固として抵抗したにもかかわらず、である。それ以来、北京当局は香港議会の競争的選挙を骨抜きにし、香港の有力な民主派をもっともらしい容疑で逮捕して有罪判決を下し、学校や大学、マスメディアにまで政治的支配を拡大してきた。「一国二制度」の国際公約が終了する二〇四七年まで待てずに香港の自由と自治を台無しにした中国共産党の指導者たちであるから、彼らが道徳的な自制心を働かせて台湾攻撃を思いとどまると期待できる理由はどこにもない。残された手段は、台湾海峡、そして地域および世界の勢力均衡である。

われわれは、世界の、そしてとりわけアジアの自由にとって、危険な新時代に突入している。二〇二〇年十一月に行われたアメリカの選挙で、ホワイトハウスにジョー・バイデン大統領が誕生した。バイデンは、民主主義を促進し護ることの重要性を確信しており、主要な民主主義同盟国と緊密に連携してそれを実行していくとしている。アメリカの主要な大西洋横断的および太平洋横断的同盟関係を回復させることは、バイデン大統領就任後における外交政策の最優先事項となるだろう。ドナルド・トランプ大統領のもとでは孤立主義的な傾向が見られたが、民主的な同盟関係を回復・再活性化させるというこの目標は、アメリカ議会でも一般市民の間でも党派を超えて広く共有されている。

しかし、効果的な同盟関係を築くには、積極的かつ献身的なパートナーが必要である。日本は、東アジアで最も大きく、豊かで、強力な民主主義国であり、中国による侵略の危険に最もさらされている民主的な台湾と地理的にも歴史的にも近い存在として、アジアの自由の未来に重大な責任を負っている。歴史は教えている。民主主義国が油断せず、毅然とした態度をとってこそ、自由が確保されると。

二〇二一年四月十九日、カリフォルニア州スタンフォードにて

ラリー・ダイアモンド

ジンマーアウン
ウラジーミル・カラ=ムルザ
マイナ・キアイ
ラファエル・マルケス・デ・モライス
カーラ・マコーミック
ニコラス・オピヨ
黄之鋒
そしてその他の、民主主義のために闘ってきた多くの知られざる英雄たちに捧げる。

共和国の自由を転覆させた者の大多数は、新たな経歴の開始当初から民衆にへつらった。僭主政の終わりは、デマゴーグの始まりとなったのである。

——アレクサンダー・ハミルトン（一七八七年）

世界の長い歴史の中で、最も深刻な危機に直面した際に自由を守る役割を果たしたのは、ほんの数世代である。私はこの責任から逃げない。むしろ、歓迎する。

——ジョン・F・ケネディ（一九六一年）

自由への希求はあらゆる人間の胸に刻み込まれているかもしれない。しかし現状肯定、混乱、臆病の可能性もまた、刻み込まれている。

——マデレーン・オルブライト（二〇一八年）

目　次

下巻目次

第1章
はじめに――危機の到来

ところで今や、このような革命による全人類の解放という希望に対して、戦争による人類絶望の危機という状況のなかでは、戦争の大義名分はただ一つしかない。その一つとは、もっとも古くからあるもの、実際、人間の歴史の当初から政治の存在そのものを決定しているもの、つまり、暴政にたいする自由という大義名分である。

――ハンナ・アーレント『革命について』一九六三年(1)

二〇一六年十一月、アメリカ大統領選挙の前々日にあたる曇った日曜日の午後、私はスタンフォードの学生二十人といっしょにバークレー・レパートリー・シアターにいた。『ここでは起こりえない(*It Can't Happen Here*)』の最終公演を見るためである。一九三五年に発表されたシンクレア・ルイスの古典文学を原作として作られたこの作品は、世界恐慌の真っ只中である一九三六年に、フランクリン・ルーズヴェルトから民主党の大統領候補者指名を奪い取って大統領選に勝利し、アメリカに独裁政権を樹立するウルトラ・ナショナリスト的デマゴーグの台頭を描いている。

原作の中でルイスは、権威主義的な支配者であるバズ・ウィンドリップを印象的に描いている。

たしかに、彼の演説の言葉には爽快感もなければ、彼の哲学には説得力もなかった。彼の政治基盤は風車の翼に過ぎなかった。この大草原デモステネスを特徴づけるものは……二つあった。彼は天才的な俳優だった。……腕を組み、テーブルを叩き、狂ったような目で睨みつける。そして、その合間に冷たく、ほとんど軽蔑したように、数字と事実を――しばしば完全に間違っているが――群衆に浴びせる。(2)

二〇一六年の共和党大統領候補であるドナルド・トランプに、無視できないほど酷似していた。数週間前には予想もしなかったほどの不安を抱えながら舞台を見たが、そのことを学生に打ち明ける気にはなれなかった。彼らも舞台を見て震えていた。われわれは何が事実かを自分自身に確認した。これは時代的制約のあるフィクション作品だろう、と。ルーズヴェルトは実際には一九三六年に再選されていた。アメリカは恐慌に近い状態には陥らなかった。トランプはファシストではなかった。どのみち、火曜日にはトランプは負ける、そうだろう?

バークレー・レパートリー・シアターが二〇一六年一月にこの小説をもとにした脚本を新たに書き始めたときは、まだ予備選挙前だった。現代のデマゴーグがアメリカの主要政党で指名を勝ち取るなどとは、考えられていなかった。

実際、二〇一五年にトランプが立候補を表明してから一年以上の間、私は世界中の人々に「ここアメリカではありえない」と言い続けてきた。トランプが共和党の指名を勝ち取る可能性などなく、ましてや選挙で勝つ可能性はないと断言した。二〇一五年十一月にソウルで開催された世界民主主義運動の大会に集まっていた民主活動家に対しても、二〇一六年一月に台湾総統選挙を見に来ていたベトナムの反体制派に対しても、二〇一四年に中国の弾圧に抗議する雨傘運動を組織した香港の大学生や市民活動家に対しても、そしてビルマやアルゼンチンの学生、大学教授、ジャーナリスト、議員たちにも、私は何度も繰り返した。アメリカではそれは起こらない、と。

われわれの制度は非常に強靱であり、政府での職務経験がないリアリティ番組のスターが大政党の大統領候補者氏名を獲得し、ましてや執務室に就くことなどできない、と私は主張した。アメリカの民主主義規範は回復力が高いため、報道機関、司法、移民を冷酷に侮辱したり、抗議者に対する暴力行使を支持者に奨励したり、反対する者は監禁だと叫ぶよう支持者に求めたり、納税申告書の公表を拒否したり、人種差別主義者としての感情を薄っぺらく覆い隠しただけの大統領を生み出すことなどありえない、と主張した。

私がナイーブだったわけではない。大統領政治で嘘、人種差別、汚い手口が長い間用いられてきたことはわかっている。過去には無節操な男たちが大統領になったことも知っている。しかし、トランプはこれまでとは全く異なる、ほとんど想像を絶するようなひどさだった。アメリカの有権者が二極化し不安を抱えていたとはいえ、ガーディアン紙のジョナサン・フリードランドの表現を借りれば、「容姿で相手を嘲り、女性を馬鹿にし、戦争の英雄を中傷し、民族的マイノリティなどを粗野で偏見に満ちた言葉で罵倒し、障害を持つ人々を嘲笑し、自分の胸を叩いて国家主導の暴力を約束し、憲法を踏みにじって第三次世界大戦を誘発するような、毎日何十回も嘘をつく男」をアメリカの有権者が選ぶとは、思っていなかった。(3)

私は間違っていた。仲間の政治学者や民主主義研究者の多くもそうだった。

この本を書こうと思ったのは、単にドナルド・トランプの当選がショックだったからというだけではない。彼の大統領就任が世界中の民主主義にとって何を意味していたのかという、苦悩に満ちた知識を持っているためである。

四十年以上にわたり、七十カ国以上をこの目で見てきた私は、自由を求める世界的な闘争において、アメリカが他に類を見ないほど重要であることを深く理解していた。アメリカの富、世界的なパワー、傲慢さ、軍事力の行使を恨む人々でさえも、アメリカの民主主義が持つ活力には敬意を表していた。奴隷制、人種差別、不平等、企業の独占といったアメリカの悲劇的な歴史をよく知る人々でさえ、アメリカの民主主義が自らを改革し刷新する能力に驚嘆していた。そしてアメリカを厳しく批判する人たちでさえ、アメリカ人の登壇者が自国の憲法を賞賛しながら同時に自国の政府を批判する姿に、しばしば非難をやわらげることを知っていた。

民主主義の実現や構築に向けて奮闘する人々に出会うたびに、アメリカはきっとわれわれの大義を支えてくれるという希望を耳にした。腐敗や抑圧に挑戦する反体制派の人々に出会うたびに、アメリカが後ろ盾となり、最後の手段として避難場所を提供してくれるだろうという道徳的な期待が重くのしかかるのを感じた。そしてわれわれは「アメリカ第一主義」を世界観とし、移民や難民への蔑視にまみれた政策を根底に持ち、独裁者への賛辞に満ちた大統領を選出した。[4]

トランプ台頭のタイミングはとくに気がかりだった。私は過去十年間、警告を続けてきた。政治的腐敗、分極化、衰退の波が押し寄せており、多くの民主主義国の一般市民を幻滅させ、以前は耐久性のあった民主主義システムを衰退させ、不安定化させていると。過去十年間のほとんど、自分のキャリアを通じて、私はアジア、アフリカ、ラテンアメリカ、そして東欧旧共産圏の新興民主主義国や停滞した民主主義国について憂慮してきた。もちろん、自国の民主主義が悪化していることにも深い懸念を抱いていたし、アメリカの民主主義を修復し改革することが急務であると感じるようにもなっていた。しかし、まさか自国の民主主義が危機に瀕しているとまでは、想像もしていなかった。

今や、すべてが流動的になった。中国は世界的な権力や富、そして野心を容赦なく高めている。中国に比べればはるかに弱いもう一つの専制国家であるウラジーミル・プーチンのロシアは、周辺地域で攻撃的な乱暴者としての地位を再確立しつつあり、専制的な傾向を持つプーチン支持者を有利にしようと、大胆なデジタルハッキングとプロパガンダキャンペーンでアメリカ大統領選挙に介入したばかりだった。

第二次世界大戦後のリベラル秩序がアメリカのリーダーシップに根ざしているように、世界の民主主義もアメリカの民主主義によって支えられている。しかし、世界をリードする民主主義国の地位は、ジョージ・W・ブッシュ大統領のイラク戦争という大失態と、二〇〇八年の財政破綻によって大きく損なわれてしまった。後継者のバラク・オバマは、障害を乗り越える感動的なストーリー、国際協力を追求する姿勢、そして金融システムの救済により、アメリカの世界的なイメージを部分的には回復させた。しかし、アメリカはイラクと金融危機の対応に追われ、オバマは積極的なグローバル・リーダーシップから手を引き、その空隙を中国とロシアが埋めていった。

他にも懸念すべき動きが見られた。シリアなどでの戦争をきっかけに、移民問題が社会的・経済的なストレスと結びつき、ヨーロッパ全土で非リベラルなポピュリズムの波が拡大していた。ハンガリーやポーランドでは、極右で外国人嫌いの指導者たちが、民主主義の規範や制度を攻撃していた。イギリスはその頃、欧州連合（EU）からの離脱を投票で決した。フィリピンでは、脱法者を個人的に殺害したと自慢する威嚇的なポピュリストが大統領に就任した。過激なナショナリストで偏見に満ちたマリーン・ルペンは、フランス大統領選で勝利する可能性があるように見えた。事態は悪化していた。「いっさいの身分的なものや常在的なものは、煙のように消え」るというカール・マルクスの『共産党宣言』における有名なフレーズが、頭の中で鳴り続けた（訳注—大内兵衛・向坂逸郎訳『共産党宣言』岩波書店、二〇〇七年、四六頁）。十年間続いた世界における民主主義の不況は、さらに悪い方向、つまり危機に向かっていた。

なぜ民主主義か

なぜ民主主義にこだわるのか。なぜ民主主義はそんなに重要で、なぜ人々は民主主義のために命を危険にさらし続けるのか。そしてなぜ私は、生涯をかけて民主主義を学び、擁護してきたのか。民主主義は、完璧なシステムではない。国民が支配者を選び、交代させることができるようになると、悪い指導者や近視眼的な政策を受け入れるかもしれない。金や大衆扇動に振り回されるかもしれない。人々は互いに激しく分裂し、国の安定性を損なうかもしれない。民主主義はうまく機能しないかもしれないし、全く機能しない可能性さえある。いつの時代にも、賢明なエリートであれば統治が可能でも、「一般の人」には不可能だと主張する懐疑論者がいる。そして今日では、新世代の知識人たちが、資本主義の成長と組み合わせた専制的な支配という「中国モデル」の優位性を主張しているのを耳にする(5)。

しかし問題は、民主主義なくして自由を手に入れることはできないということである。これは当然のことに聞こえるかもしれないが、しばしば見失われるポイントである。哲学者たちは「慈悲深い」独裁者を称賛するかもしれないが、個人が発言し、出版し、考え、祈り、集会を開き、風刺し、批判し、本を読み、インターネットで検索をする権利を抑圧することに、慈悲深いことなど何もない。権威主義を擁護する者は、人々には秩序を享受する権利があると主張するが、法の支配がなければ、支配者ではなく、被支配者だけが制約を受けることになる。この種の「秩序」は、あまりにも容易に僭主政治に陥り、拷問、恐怖、大量投獄、大量虐殺といった最悪の結果をもたらす。

憲法による権力の制約がなければ、恐怖の共和国しか存在しえない。真夜中に自宅に押し入られ、口止めされ、追放される危険から市民を救うのは、憲法、堅牢な法律、それを執行する独立した司法であり、そして自由な選挙、人権、人間の尊厳を主張する文化である。すべての民主主義国が自由を守るべく良い仕事をしているわけではないが、自由を守ることのできる政治システムは民主主義だけである。すべての民主主義国が汚職や権力の濫用をうまくコントロールしているわけではないが、それをうまくやっている独裁者はいない。

人間の本性に基づけば、抑制されない権力は遅かれ早かれ悪用される。世界で最も腐敗していない政府は、ほとんどすべて民主主義国である。民主主義国に腐敗が少ないのは、市民が権力の濫用を自由に暴くことができ、裁判所が犯罪を自由に起訴することができるからである。

理由は説明しきれないが、私は幼い頃からこれらのことを感じていた。私の家はあまり政治的な家庭ではなかったが、私は小学生の頃から政治に惹かれ、自由の魅力に心を動かされていた。帝政ロシアにおける大虐殺を逃れてアメリカに渡ったユダヤ系移民三世として、偏見が迫害を生むことを知っていた。ヒトラーの強制収容所を生き延びた家族ぐるみの友人の腕に入った刺青から、迫害を感じ取った。私はファシズムを嫌悪した。共産主義も嫌いだった。それは単に私の国が共産主義との実存的な闘争にあったからではなく、いかなる威圧的な国家統制も嫌悪していたためである。

新しいアフリカ諸国の誕生、アメリカの公民権運動、ジョン・F・ケネディ大統領による「僭主政治、貧困、病気、戦争そのものという人間共通の敵に対する……長い黄昏の闘い」の呼びかけなど、私は自由と自決のビジョンに触発されて育った。第二次世界大戦、ホロコースト、そしてソビエト連邦や中国で「人民」の名のもとに行われた大規模犯罪について、興味をひかれながらも恐る恐る本に学んだ。ジョー・マッカーシー上院議員とその狂信的な信奉者たち、そして彼の擁護者らが反共主義の名の下に行った過激な行為について、恐怖心と警戒心を抱きながら紐解いていった。クー・クラックス・クランの悪質な人種差別主義者たちや、私の生まれ故郷である南カリフォルニアに強い基盤を持つジョン・バーチ協会の極右反共産主義者たちについても勉強した。アメリカで起きた軍事クーデター未遂事件を題材にした一九六〇年代初頭の政治スリラー小説『五月の七日間（*Seven Days in May*）』を読み、自由を失うことになるのではないかと不安になった。その直後にジョージ・オーウェルの『一九八四年』と『動物農場』を読み、自由が完全に消滅する可能性のある世界を想像し、恐怖感に襲われた。そのときは気づかなかったが、私にとって自由を守り、拡大することは、道徳的な大義となっていった。

私の民主主義への情熱はつねに個人的なものだった。小学生のときには生徒会に立候補した。中学校では生徒会長選挙に敗れ、高校のときには当選した。ある点では、私の政治意識は同級生に比べて遅れていた。共産主義への憎悪から、ベトナム戦争の愚かさと、加速するアメリカの非道徳性に盲目になっていたからである。私が完全に戦争に反対し、平和運動に参加するようになったのは、一九六九年の秋に大学に入学すべくスタンフォードに到着してからだった。

大学一年生のときは政治活動を専攻し、夜遅くまで抗議活動に参加したり、戦争反対の記事を書いたりした。しかしキャンパス内で、「システム」擁護者からの反対には遭わなかった。反対は少数の、しかし強烈なマルクス主義革命家からもたらされた。彼らは、アメリカには改善の余地がなく、暴力が唯一の答えだと考えていた。私は民主主義と社会正義の追求において非暴力に徹していたし、今もそうである。革命家たちは私を蔑み、私のようなリベラルな活動家を世間知らずの愚か者と非難した。そして忘れもしない。彼らは大きなダメージを与えたのである。一九七〇年の暖かな春の夜、彼らは暴動を起こし、機動隊が突入する事態となった。多数の逮捕者が出て、スタンフォードのキャンパス中心部が催涙ガスで覆われた。抗議がピークに達すると、大学の建物は破壊され、研究は打撃を受けた。一九六〇年代後半から七〇年代初頭にかけて、ヨーロッパの民主主義国が革命的左翼から激しい非難やテロリストの暴力に直面していた頃、より深刻な暴力がアメリカのキャンパスや、とくにアメリカ内陸部の都市を悩ませていた。

私たちの世代が社会秩序の混乱に対処する一方で、古い世代の政策専門家たちは、何か重大な問題が起きていると危惧していた。一九七五年に発表された三極委員会（アメリカ、ヨーロッパ、日本から有力なエリートを集めたもの）の報告書は、先進民主主義国が統治能力を失っていると警告した。彼らが懸念したのは、インフレ、経済停滞、原油価格などの共通の政策課題であったが、彼らの最大の懸念は、民主主義の行き過ぎが「政府への過剰な要求」を生み出していることであった。抗議運動、過激な知識人、きわめて批判的なニュースメディアからの圧力の高まりは、民主的な政府の権威に執拗に挑戦し、その正統性を侵食する「敵対文化」を生み出していると、この報告書は警告した。

第二次世界大戦後初めて、学者やコメンテーターたちは、民主主義の中核である西側諸国の問題が原因で、民主主義に広範な危機が発生していると語っていた(6)。実際、一九七二年に選挙と司法を妨害したリチャード・ニクソン大統領が辞任したことは、腐敗が危険な状態にまで進行していることを示唆していた。ベトナムとウォーターゲート事件の時代を生きた私は、生涯を通じて二つの教訓を得た。政治的な偏向と不寛容が民主主義にとって有害であること、そして、民主主義の手段である選挙、メディア、議会、裁判所が、民主主義の健全性を回復できることである。

大学時代は、政治活動や反戦運動のため、海外留学をする時間は取れなかった。しかし世界の政治と経済発展に強い関心を持ち、卒業後にはそれを肌で感じようと決意していた。ネイション誌の記者証を携えて、一九七四年十一月から、ポルトガル、ナイジェリア、エジプト、イスラエル、タイ、台湾にそれぞれ一カ月間滞在した。それぞれの国には、政治や経済の変遷について語るべき物語があり、私はそれらを熱心に学んだ。

半年間の旅と集中的な取材活動を経て、大学時代に最も魅了された二つの問題について、現実の世界から洞察を得ることができた。発展する国もあれば貧しいままの国もあるのはなぜか、そして、民主的な国とそうでない国があるのはなぜか、という問題である。

四八年間におよぶ独裁政権を打倒した革命からたった七カ月後のポルトガルに降り立った私は、心を奪われた。一九七〇年代のリスボンでは、煙が充満したオフィスや石畳の通りで、政党間だけでなく、民主主義と権威主義という二つの異なる政治秩序のビジョンの間で、生き生きとした政治闘争が繰り広げられていた。ソ連の支援を受けて、強力な共産党が政治的支配を得ようとしていた。おなじみの革命的なスローガンが飛び交っていたが、これには大学のキャンパスではなく、国家の命運が掛かっていた。半世紀に及ぶ独裁で、ポルトガルの政治は分断され、民主主義への準備は整っていなかった。しかし、並外れたエネルギーと勇気を持った若年や中年の政治家たちが、民主主義の未来のために戦っていた。最終的には、欧米の支援を得て彼らが勝利した。

ナイジェリアでは、また別のストーリーに出会った。一九七四年十二月、ナイジェリアは約百万人の命を奪った壊滅的な内戦からまだ数年しか経っていなかった。軍事政権は紛争の傷を癒そうと努力していたが、北部のハウサ人、西部のヨルバ人、東部のイボ人（彼らは分離独立してビアフラ共和国を建国しようとしていた）を中心に、ナイジェリアは民族的に深く分裂していた。一九六〇年の独立後初めて試みられた民主化には、こうした分裂と汚職の蔓延が影を落としていた。人々は、石油の富が政府の財源に流入し始めたことでスキャンダラスな規模にまで発展した軍部の悪行に、嫌気がさしていた。

ナイジェリアでは、一攫千金を狙う考え方が政府の最下層にまで浸透しており、貪欲さ、無能さ、無駄が蔓延していると感じた。他方で、将軍に反抗して民政復帰を訴えるジャーナリストや、国の将来を再考する学者たちにも出会った。市場には天性の起業家である女性たちがおり、政治的発言力を求める学生たちがいた。生まれて初めて、想像を絶するような貧困と荒廃に加え、高揚した回復力と希望のある日常を目の当たりにした。

なぜ国が発展し、あるいは停滞するのか。なぜ民主主義が栄え、あるいは失敗するのか。それぞれの国が新しいことを教えてくれた。私は夢中になった。

民主主義の包囲網

私は現在も学んでいる。一九六〇年代にナイジェリアで見られた初の民主化の挫折について博士論文を書いた後、フルブライトフェローとして一年間ナイジェリアに滞在し、第二共和政の失敗を目の当たりにした。その後すぐにスタンフォード大学とフーバー研究所に戻り、それから三十年間、民主主義がどのようにして生き残り成功するのか、そしてどのように衰退するのかを研究してきた。

キューバ、ベトナム、エジプトの反体制的民主活動家と協力したこともある。北朝鮮、中国、ロシア、ジンバブエの人権活動家を支援したこともある。イラクとイエメンの政治的な移行に助言したこともある。南アフリカ、ケニア、チュニジア、ウクライナでは、移行期の真っ只中に講義を行ったこともある。ナイジェリア、ビルマ、ベネズエラの民主派が権威主義的支配から脱却するための戦略形成を手伝ったこともある。モンゴル、ガーナ、台湾では、民主主義を改善しようとする政治家や市民指導者たちとともに仕事をしてきた。これらの勇敢な人々は、私の師となり、私の友となった。

民主主義の研究と普及に努めてきた私としては、物事が正しい方向に向かっていると言いたいところである。しかし実際は、そうではない。

だからこそ、私は本書の必要性を感じた。トランプの当選をきっかけに、アメリカと世界の民主主義に対する危険が高まっていることを、包括的かつ緊急に評価した書籍の執筆を考え始めた。民主主義が拡大してきた三十年間、そしてその後民主主義が停滞し徐々に侵食されてきた三十年間を経て、われわれは今、世界的な自由の後退を目の当たりにしている。

世界のあらゆる地域で、専制支配者が主導権を握り、民主主義者は守勢に立たされている。競争的な政治と表現の自由のための空間は縮小している。確立された民主主義国は分極化し、寛容さを失い、機能不全に陥りつつある。新興民主主義国は、絶え間ないスキャンダル、広範な市民の不満、そして生存の危機に直面している。トルコやハンガリーからフィリピンに至るまで、狡猾な専制支配者たちが憲法のチェック・アンド・バランスを破壊している。そして、世界的な嵐が吹き荒れるなか、権威主義的な指導者たちは、より露骨に独裁的になってきている。

こうした好ましくない突風は、単に衰退しつつある民主主義国から漏れ出るガスではない。世界的な権威主義の中心地であるロシアと中国から、強く吹きつけられてもいるのだ。もしアメリカが民主主義の要としての伝統的な地位を取り戻さなければ、ウラジーミル・プーチン、習近平、そして彼らの支持者たちが、専制を新世紀の原動力に変えてしまうかもしれない。

他の多くの分析は、この重要な点を見落としている。一九七〇年代半ばから二〇〇〇年代初頭にかけて見られた民主主義の驚異的な進歩は、アメリカと西欧の力と理想主義、そして精力的な支援によって大きく促進された世界的な現象だった。自由の後退という趨勢もまた世界的な現象であり、今回はモスクワと北京から引き起こされている。復活しつつある専制国と新興の共産主義超大国は、偽情報を拡散し、民主主義の規範や制度を秘密裡に破壊する活動に多額の投資を行っており、効果を挙げている。彼らの大胆な挑戦は、世界的な対応を必要としている。ワシントンがその広範な責任を再認識した上で、世界の民主的リーダーとしての地位を再確立し、民主主義の価値、メディア、市民組織を促進するための新たな世界的キャンペーンを展開する必要がある。

そのためには、専制の闇の部分であるクレプトクラシー（訳注―国の資源・財源を権力者が私物化する政治体制、泥棒政治とも言われる）を徹底的に攻撃する必要がある。腐敗した専制国の公的財源から略奪された資金は、虐待的な支配者を支えるだけではない。こうした資金は世界の民主主義国の銀行や不動産システムにも流れ込んでおり、われわれ自身の法の支配を蝕み、専制政治の蔓延に立ち向かう意志を弱めている。われわれは、クレプトクラート（訳注―腐敗した政治家）の敵になることも、あるいは彼らの銀行家になることもできるが、両方になることはできない。そして、クレプトクラシーとマネーロンダリングに対抗することで、国内外の権威主義的な傾向を逆転させることができる。

しかし、昔から言われているように、何も持たずに勝つことはできない。自国で自由な政府を護り刷新しなければ、世界中の自由な政府を護り刷新することなどできない。ドナルド・トランプ（および他国における新進の専制支配者たち）による民主主義の規範と制度の冒瀆を止めることは不可欠である。ただし、それだけでは不十分である。アメリカの民主主義の衰退はトランプに始まったものではなく、彼がホワイトハウスを去ったからといって終わるものでもない。アメリカの民主主義の病は、何十年にもわたって拡大してきた政治的分極化に起因している。二大政党は、党派的な利益のためには公平性と包括性という基本的な原則を無視することもいとわなくなり、争い合う種族のようになってしまった。アメリカの憲法秩序は、人種差別、刑事司法制度の深刻な不公平、そしてロビー活動や選挙資金システムに見られるソフトな腐敗によって、長期間にわたり傷つけられてきた。今日、社会が市民教育の目的を忘れ、事実や証拠に基づく情報よりもセンセーショナリズムや集団思考の利益を優先するソーシャルメディアに傾倒するなか、こうした根深い問題が急速に進行している。

これらはどれも絶望の叫びではない。すべて、備えを呼びかけるものである。本書の最終章で説明するように、このままにしてはいけない。有望で実行可能な改革は可能である。われわれは、自国の民主主義を改善し、これに力を与え、回復することができる。トランプが権力を握っている間でさえ、多くのことができる。状況は変えられる。民主主義社会は、現状を変革しなければならない。そしてこの取り組みは、われわれ一人一人から始まるのである。

力なき者たちの力

チェコの劇作家で、後に共産主義後のチェコスロバキアで初代大統領となったヴァーツラフ・ハヴェルは、一九七八年、反体制派の書籍として最も代表的な作品である『力なき者たちの力』を発表している。この中でハヴェルは、抑圧された者は「真実の中に生きる」ことで無力さを克服し、独裁者の意志や嘘に屈しない力を持つと論じた。彼にとって重要なテーマは、僭主的支配のもとにおいても個々人が責任感を持ち、日々の反抗的な行為を通じて変化をもたらす市民の能力である。

民主主義を研究してきた四十年間で、私が最も影響を受けた格言がある。民主主義の運命は個人が決められる、というものである。ロバート・F・ケネディ上院議員がアパルトヘイト全盛期の一九六六年、ケープタウン大学で南アフリカの学生に向けて行った演説の一節である。ケネディは、「勇気と信念を持った無数の人々の多様な行動が、人類の歴史を形成する」と感動的に語りかけた。当時、この言葉は私の信念となった。そして何十年もの研究と経験を経て、今ではこの言葉は私の結論となった。時折、今日の南アフリカのような新興民主主義国の人々は、自由がどれほど早く死んでしまうかを忘れてしまった古い共和国の、しばしば快適で、満足し、自己憐憫に満ちた市民よりも、ケネディの教訓をよく覚えているかもしれないと思う。

最近の政治学は、この分野を科学として捉えたがり、政治的な結果を形成する上で指導者が果たす役割を軽視しがちである。しかし、民主主義をもたらし機能させるのは、抽象的な経済・社会の力ではない。主張を展開し、プログラムを策定し、組織を形成し、戦略を練り、人々を動かすのは、個人——普通の、そして並外れた市民——なのである。

変化にはリスクと犠牲が伴う。自由が危機に瀕しているとき、そのリスクは計りしれないものであり、その犠牲は死を意味するかもしれない。しかし、大陸を越え、何十年にもわたって私を最も鼓舞してきたのは、自由のためにあらゆるリスクを冒して戦う人々の意欲、つまり、あなたや私のような普通の人々の意欲である。

今日アメリカでは、われわれの出番がやってきている。そして世界における民主主義の運命は、われわれ全員の肩にかかっている。

第2章　民主主義が成功した理由、失敗した理由

自由である術を知ることほど素晴らしいことはないが、自由の修行ほどつらいこともまたない。

――アレクシス・ド・トクヴィル『アメリカのデモクラシー』(1)

過去三十年間、私は大学の講義で単純な問いを投げかけてきた。「安定した民主主義のためには何が必要か」である。この質問は、単に本書の論理的出発点であるだけではない。アリストテレス以来、政治哲学者や社会科学者を虜にしてきたテーマである。民主主義はつねに機能するわけではない。一七八九年のフランス革命から二〇一一年の「アラブの春」の蜂起に至るまで、自由を追求した革命の遺骸が歴史には満ち溢れている。不調に終わったり、崩壊したり、暴政に陥ったりした革命の数々で

ある。

私が講義の序盤に紹介し、その後も繰り返し提示する図に関して、学生たちはその複雑さをしばしば冷やかしてくる。その図には、ひどく複雑に設計された都市交通システムのように、「安定した自由民主主義」と書かれた最終目的地へと伸びる多方面からの経路が描かれている。民主主義が生存する確率は、多くの要因によって決まる。その国がどれほど繁栄しているか。富や所得の重度な不平等を抱えているか。強力で独立したメディアや強靭な市民組織が家族と国家との中間に確立されているか。政党システムや政治規範が妥協と寛容を促進しているか。法の支配が市民の権利を守り、権力濫用へと駆り立てられるかもしれない指導者を抑制するのに十分なほど強力であるか。

本章では、四十年間の学究と、あのルーブ・ゴールドバーグの連鎖反応装置の因果関係図の要旨を精製して、抽出することを試みる。とはいえ、すべて煎じ詰めれば以下の通りである。図の右端、「安定した民主主義」の直前の欄には、「正統性」がある。図中の他のほとんどすべての要因は、民主主義に影響を与える前に、良くも悪くもこの駅を通過する。結局のところ、民主主義を支えるものは、その正統性に対する深くて無条件の信念である。その国の人々や政治家が、民主主義を政府の最良の形態——たとえ自らにとって好ましい政党や候補者、政策が失われたとしてもなお、従い擁護する価値があるもの——と見なし、無条件にコミットし続けない限り、民主主義は脆弱な足場の上にとどまり続けることになる。(2) そのような場合には、あらゆる危機が民主主義を覆してしまいかねない。

民主主義を信頼するためには、長期的に見て民主主義が生活水準の向上、紛争の管理、より良い社会の構築といった問題の解決に資するものであるとの信念が必要である。自分たちのシステムが真に民主的であり、秩序を維持し市民の権利を守る法の支配のもとで、自由で公正な選挙を実施するものであると見なされなければならない。そのため、「正統性」の直前には、経済的パフォーマンスと政治的パフォーマンスの両方を含む「パフォーマンス」の欄が来る。長期にわたって安定を保つには、民主主義は繁栄を生み出し、維持し、広く分配することで、システムの中にいるすべての集団に報酬を与えなければならない。そのためには、民主主義には決定を実行し、発展をもたらし、秩序を維持することのできる有能で専門的な政府が必要である。そして公正かつ効果的に進歩をもたらすためには、劣悪なパフォーマンスを生じさせ、最も有害であり市民に疎外感を与える要素である汚職を抑制しなければならない。これらすべてを行う能力を、グッド・ガバナンスと呼ぶ。

グッド・ガバナンスによって人々の信頼を得ることができれば、民主主義は生存できる。それができなければ、民主主義は問題を抱えることになる。寛容性、柔軟性、節度などを重視する広義の民主主義文化は、紛争を管理しグッド・ガバナンスを促進する上で役立つ。このようないわゆる民主的規範は、経済発展、限定された不平等、高い教育水準、そして活気に満ちた市民社会の中で繁栄する。制度設計（指導者の選択と制約、立法府の選出、政府のパフォーマンス監視などの方法）もまた、政府がいかにうまく、そして誠実に機能するかに影響を与える。しかし最終的には、すべては正統性に帰着する。

民主主義の正統性に関する信念は、国内の出来事だけで形成されるわけではない。どの時代においても、外の世界、すなわち国際的な影響、外国のアクター、そしてグローバルなパワーの動向にも左右される。民主主義が死ぬとき、それが単なる自殺であることはほとんどない。民主主義の死はしばしば、外部にいる民主主義を敵視する者が、内部から民主主義を抹殺しようとする者をほう助するという、殺人のような匂いを強く漂わせている。

以上が研究の要諦である。以下では、中身を少しだけ開いてみることにしよう。

民主主義とは何か

まず、民主主義とは厳密には何であろうか。そしてわれわれは、どのようにして民主主義を、それを見劣りし馬鹿にするかのような偽物から区別できるだろうか。

最小限の形では、民主主義とは、国民が、定期的に自由かつ公正な選挙で指導者を選び、交代させることのできる政府システムを指す。長い歴史を持つ民主主義国の市民にとっては大それたことではないように思えるかもしれないが、これには多くの複雑な要素が必要となる。自由であるためには、選挙は異なる政党や候補者による競争を認めるものでなければならず、また、すべての市民の参加(少なくとも投票を通じて)も認められなければならない。

そのようなシステムの成立には、アメリカでは何世紀も要した。毎年、私は一年生の授業で「アメリカが民主主義になったのはいつか」と尋ねる。一七七六年、ジョージ三世の暴政から脱却した時だろうか。それとも、一七八九年、驚異的なまでにほとんど修正されずに今日まで続いている連邦憲法が最終的に採択された年だろうか。あるいは憲法修正第十三条が制定され、奴隷制が廃止された一八六五年だろうか。はたまた一九二〇年、憲法修正第十九条によってアメリカ人女性に投票権が付与された時だろうか。

ある時点で、必ず誰かが正答する。一九六五年である。その年、アメリカは投票権法を可決して投票における人種差別を禁止し、南部諸州で一世紀にわたってアフリカ系アメリカ人の民主的権利を妨害してきた不道徳な慣行を廃止した。一九六八年になって初めて、アメリカ大統領選挙は自由かつ公正なものと言えるようになったのである。

民主主義には投票の自由、および選挙に出馬する自由も必要である。活発で精力的な選挙運動を行う自由などである。しかし、これらの自由は部分的にとどまったり、幻想であったりすることがある。エジプト人は、長年その地位にあった独裁者ホスニー・ムバラクのもとでの生活について、しばしばこんなジョークを言っていた。「言論の自由はあるが、言論の後の自由がないだけだ」と。

ムバラクが二九年間にわたる統治の終盤に見せたのと同様に、ロシアの強権的政治家《ストロングマン》であるウラジーミル・プーチンは、ロシアの大統領選挙において数人の野党候補の出馬をつねに許容している。しかし、選挙の結果はいつも目に見えている。プーチン政権のようなタイプの「選挙独裁（electoral autocracy）」では、確固たる地位にある支配者に正面から対抗する選択肢となる候補者は、失格とされ、逮捕され、国営メディアによる糾弾を受け、あるいは巨大なハンディキャップを突きつけられて、いかなる「選挙」も茶番になってしまう。

今日、ハンガリーやトルコ、タンザニアなどの国々に目を向けると、民主主義にもう少し似たシステムがある。これらの国々の選挙では、野党は広く選挙運動をすることができ、議会で多くの議席を獲得することができるかもしれない。野党勢力は拘束されることなしに与党を批判できる（そのような自由さえトルコやタンザニアでは低下してきているが）。しかし、公正な争いではない。与党は重要なメディアのほとんどを支配している。ビジネスを続けたければ与党を支持するようにと、企業の経営者たちを脅迫してきた。過半数の票を獲得できなくとも権力を維持できるよう、選挙のルールや選挙区を不正に操作してきた。そして、再選までの道のりで何の事故も起こらないよう、司法や治安機関などといった他の権力レバーに対する支配力を行使している(3)。

劇作家のトム・ストッパードが登場人物の一人にこう言わせたのも無理はない。「民主主義とは投票ではない。開票《カウンティング》なのだ」と。民主主義には、真に自由で公正な選挙が必要である。そしてそれは、言論や結社、権力監視、移動の自由がかなりの程度で存在する国でのみ可能なのだ。

しかし、民主主義とは、単に指導者を選ぶことができるというだけのものではない。われわれが通常れっきとした民主主義として考えているのは、政治学者が自由民主主義（*liberal democracy*）と呼ぶ、単なる投票権以上の要素を含むものである。自由民主主義は、以下のような要素を内包する。報道や結社、集会、信条、宗教などの基本的な自由に対する強力な保護。人種的・文化的マイノリティに対する公平な扱い。法のもとで全市民の平等が保たれ、誰も法の上に立つ者がいない強固な法の支配。その原則を守る独立した司法。その原則を追求する、信頼できる法執行機関。政府高官が汚職行為を行う可能性を抑制する、その他の機関。そして独立した団体、社会運動、大学、出版から成り、市民の利益のためにロビー活動や政府権力の抑制を促す、活発な市民社会である。

これらの要素が、良い民主主義の完全な政治的パッケージに近いものを構成している。そして、それこそが人々が維持を望むような民主主義なのである。

グッド・ガバナンスの重要性

キャリアの初期に、私は、多くの新興民主主義国を悩ませている政治的不安定さをつぶさに観察し、ある驚くべきことに気がついた。民主主義に失敗する国は、きまって非リベラルで、ガバナンスが悪く「成績の悪い」民主主義だったのである。かつて完全な民主主義を実現し、人々の権利を守る自由民主主義国がその後、民主主義に失敗したとすれば、その国は民主主義国として失敗し始めるよりも前に、リベラルであることをやめてしまっている。こうした崩壊しつつある民主主義は、一九九〇年代のロシアや一九八〇年代初頭のナイジェリアのように、最初から民主主義の程度が浅く、揺らいでいたか、あるいは一九九〇年代のベネズエラや今日のハンガリーのように、権威主義に陥る前に着実に質を低下させていたかのどちらかである。

自由民主主義が突然心臓発作を起こして死んだことはない。自由、法の支配、権力の均衡といった動脈は、最期に至るよりずっと前から顕著に閉塞し始めているものである。その上、進行する病に関して、コレステロール検査や心電図に当たるような、政治学者による検診を受けていない。

民主主義が後退する際に最も頻繁に現れる前兆のいくつかは、容易に発見できる。汚職の蔓延、大規模収賄スキャンダルの繰り返し、権力を濫用する大統領の出現などである。また、雇用確保、所得拡大、犯罪率低下、または電気や水道、道路、まともな学校などの基本的なサービスを提供することができない政府、といったものである。後退しつつある民主主義では、状況が悪化すると、政府はギシギシと音を立てて停止してしまうように見える。政治家たちは、残った権力の戦利品を求めて奔走したり、敵対者を悪者扱いすることにばかり集中し、公共利益のための活動をほとんど行わない。

これらは、一九八三年にナイジェリアで私が目にしたことである。長年の専制的な悪政を経て、多くの希望と善意の中で一九七九年に始まった第二共和政は、最初の選挙という試験に向けて苦しい道のりを歩んでいた。当時、この国では何も成し遂げられていなかった。石油ブームの真っ只中で、病院や学校、その他の公共施設の箱もの建設以上のことはできず、政治的なコネを持った建設業者は、努力する振りを見せるだけで資金を持ち逃げしていた。クレーンやブルドーザー、ポンプや水道管は道端に放棄され、穴が空いたままの高速道路や、灌漑のない田畑、水道管のない街が放置されていた。学生たちは約束された奨学金を受け取れず、兵士や公務員は上層部が盗用していた給料を何カ月も待っていた。

一方、実際には存在しない政府の「幽霊」労働者や偽の契約に公金が流出し、汚職の当事者たちは隠蔽のために恥ずかしげもなく政府の建物を焼き払っていた。主食である米は、上級政治家たちによる利益目的の買いだめで不足していた。汚職がもたらした欠乏によって、ガスポンプはカラになり、タクシーやトラックは立ち往生し、中流階級の運転手たちは酷暑のなか、長い渋滞に何時間もつかまることを余儀なくされていた。

ナイジェリアの人々は、一九八三年八月の選挙を、社会を麻痺させる略奪からシステムを救う最後のチャンスだと語っていた。しかし、与党は露骨な選挙不正によってそのチャンスを奪ってしまった。システムはもはや真に民主的ではなくなり、私は危機の到来を感じていた。カノ（ナイジェリア北部最大の都市）の大学で私が教えていた学生たちが何を考えているのかわかっていたし、私が同州で行った選挙前の世論調査では、市民が大きく失望していることが示されていた。

選挙後、学生たちは軍の復帰を求める看板を掲げて街頭を行進した。ナイジェリア第二共和政は、豊かさと楽観主義の中で始まったためか、国民の幻滅はとくに深刻だった。しかし、民主主義の失敗は得てしてこのようなものである。ガバナンスが悪く、経済が停滞し、秩序が崩壊し、人々は民主主義への信頼を喪失し、システムは軍や過激派武装勢力、あるいは支配者自身によって押し潰されるまで足踏み状態に陥るのである。

悲惨なことに、悪いガバナンスはしばしば民族的・宗教的差異の意図的な動員と結びつく。政党や政治家が権力によって富を得て、市民に見返りを与えない場合、どのようにして不満を持った市民から支持を集めることができるだろうか。その答えは、地域や文化の違いにかかわらず、驚くほど一貫している。広義の家族への依存である。それは直系の血縁ではなく、言語、人種、宗教、あるいは共通の祖先という概念に基づいた、民族的アイデンティティを共有する同族関係である。(4) 腐敗した政治家は、社会全体を発展させる代わりに、自らの取り巻きや民族的同族に恩顧《パトロネージ》を与える。こうした政治家の行為によって、政府は不当に高値で契約をし、不適切な支持者のために仕事をし、その他あらゆる方法での報酬、見返り、優遇措置を行う可能性がある。

これは、とてつもない恩顧政治のゲームである。このようなシステムは、経済発展の足を大きく引っ張るだけでなく、政治的不安定をも生み出す——そして、民族紛争や政治的二極化、市民の反感を蔓延させる。一般の人々は、政治家階級があらゆる場面で公の富と利益で私腹を肥やしているのを見れば、「なぜ私ではないのか」と問いかける。そして、自分たちは政治によってそのような利益を得られないというならば、犯罪で得ようとするだろう。

そのうえ、石油が豊富な小国でもない限り、国民全体に行き渡るほど十分な公共の富は存在しない。そのため、慢性的に腐敗した国家では、あらゆる種類の違法行為が政治の周りをぐるぐる回っている。たとえば麻薬密売、性的人身売買、誘拐、密輸、組織犯罪、資金洗浄などである。メキシコやロシアを見れば一目瞭然である。政府の犯罪者と政府の外にいる犯罪者は、似ているだけでなく、切り離せない存在ですらありうる。

この種の捕食的システムがクレプトクラシーのどん底にまで達すると、民主主義は完全に消滅し、貪欲な独裁にとって代わられてしまう。しかし、事態がそれほどまでに悲惨なものにならなくても、民主主義が相当に腐敗と恩顧政治にまみれたままになることがある。そして、自己利益の論理が公共への配慮よりも先に立つ、このような成績の悪い民主主義こそが、最も脆弱で失敗しやすいのである。

汚職が蔓延すると、他にも多くの悪事が惹起される。パキスタン、ケニア、グアテマラ、ウクライナのように、賄賂が横行している国々では司法が腐敗し、法の支配が弱体化している。その名にふさわしい司法制度がなければ、市民は前時代的な警察官、地主、マフィア、兵士たちに翻弄されることになる。マイノリティ、女性、貧困層は人権侵害の標的にされやすい。このような状況下では、説明責任や透明性、法の支配のような空虚なものにはほとんど誰も労力を費やそうとしないため、民主主義の結果は悲惨である。十分な分配ができない空洞化した国家や、慢性的な民族紛争と暴力、そして経済的苦境から抜け出せない貧困の罠がもたらされるのである。

長年の研究を経て私は、民主主義への最大の打撃は最も目に見えないところ、すなわち文化面で生じることを発見した。民主主義の衰弱は多くの場合、市民が何を考え、何を信じ、何を大切にしているかと大きく関係している。蔓延する強欲や、日和見主義、腐敗は、政府に対してのみならず、同胞たる市民に対しての信頼をも打ち砕く。そして貧困層が地元の権力者にすがりつき、政治のテーブルから零れ落ちるパンくずを奪い合うことで、社会は分断されていく。そのような社会では、誠実に振る舞う人などいないと思っているため、ほとんどの人々が賄賂を要求し、支払い、また票を売買したり、裏切りを警戒したりする。

一九九〇年代、ハーヴァード大学の政治学者ロバート・パットナムは、イタリア南部が北部に比べて貧しく、統治が行き届いていない理由を説明した古典的な著作の中で、この現象を見事に捉えていた[5]。格差の根本的な原因は、社会関係資本《ソーシャル・キャピタル》の不足であることを彼は発見した。社会関係資本とは、自分たちのコミュニティや個人の環境を改善するために協力しあうことを可能にするような、「信頼、規範、ネットワーク」のことである。民主主義が正しい軌道に乗っているとき、パットナムが言うところの「市民共同体《シビック・コミュニティ》」になることで、人々は互いに信頼しあい、より大きな目的を追求するべくあらゆる方法で団体を結成する。そこでは、市民的な関与の文化と責任あるガバナンスの実践が相互に強化しあう好循環が生じる。すると発展が続き、民主主義は繁栄する。

これはまさに、アレクシス・ド・トクヴィルが十九世紀の記念碑的な研究である『アメリカの民主主義』において発見し、称賛した社会である。このような市民社会では、政治的な問題に関する意見の不一致や、信仰や文化における相違を抱えていたとしても、人々は相互に敬意を示し、違いを容認する。国や憲法、法律に対する市民共通の愛着が、紛争を緩和する。起業家たちは投資し、労働者たちは生産活動を行い、紛争当事者間では妥協が成立する。政治システムが全般的に共通善のために機能し、市民は納税し、法律を遵守し、政治システムを尊重する。

一方、ナイジェリアの第二共和政、デュヴァリエ一族時代のハイチ、あるいは今日のフン・セン政権下のカンボジアのような捕食的なシステムでは、制度は存在するが機能しない。議員は審議を行わず、裁判官は裁決を行わず、市民は参加しない。警察は無実の人々を保護せず、国家はサービスを提供しない。あらゆる取引は目先の利益のために捻じ曲げられる。誰も未来や同胞の市民に対して信頼を抱いていない。

このような不幸な国においては、選挙での敗北は、無力化と貧困化の危険と隣り合わせである。ケニア、ナイジェリア、バングラデシュのような国々では、民族や宗教的な不満が意図的に動員され、選挙は「やるか死ぬか」の問題となっている。敗北は、単に選挙に敗れるということにとどまらず、場合によっては与党グループへの無期限の従属をも意味する。

著しく抑圧的で失敗した国家（コンゴやソマリア、スーダン、ジンバブエ、イラク、アフガニスタン、ビルマ、ハイチ、トルクメニスタンなど）では、捕食的社会の極端な形態が見られてきた。しかし、より軽度な捕食的社会の症状は、苦戦している民主主義国で広く見られる。トランスペアレンシー・インターナショナルの腐敗認識指数のような汚職の指標を見れば、パターンが見えてくる。最も腐敗していない国々は、シンガポールを除いて西側の豊かな自由民主主義諸国であり、（少なくとも今までは）非常に安定してきた国々である。スカンジナビア諸国がリストの上位を占め、他の北欧諸国やニュージーランド、オーストラリア、カナダが続き、アメリカはアイルランドと日本にやや後れを取っている[6]。その下には、南欧や東欧、アジア、ラテンアメリカの新興民主主義諸国と、いくつかの権威主義体制が混在している。

調査対象の一七六カ国のうち、中位以下になると、警告のライトが点滅し始める。アルゼンチン、スリランカ（九五位タイ）、フィリピン、タイ（一〇一位タイ）、パキスタン、タンザニア（一一六位）、ウクライナ、ネパール（一三一位）、ベネズエラ（一六六位）など、専制や、民主主義の失敗と不安定を繰り返してきた国々が多く見られる。

高レベルの汚職は、民主主義失敗の原因であるだけでなく、退廃的な制度がもたらす結果でもある。

したがって、強靱な説明責任、法の支配、活力ある市民社会を通じて汚職を抑制する道は、持続可能な民主主義への道でもある。

成功の公式

ここまで、何が民主主義の失敗をもたらすのかを述べてきた。それでは、何が民主主義を成功させるのだろうか。これまでわれわれは、人間の本性のうち最も破壊的な欠陥でもある権力と富に対する貪欲を抑制する戦略が、民主主義国家には必要であると学んできた。そのための公式がなければ、社会の最も狡猾で野心的な人々は、小さな優越をこれまで以上に大きくする方法を見つけ出し、独占を構築し、恵まれない人々から搾取することになる。そうなれば不平等は固定化し、汚職は日常となり、社会は冷笑、不信、強者による弱者支配の悪循環に陥ることとなるだろう。

今日の民主主義の健康状態を心配する人々は、当然ながら、その公式を知りたいと思うだろう。憲法の設計は大きな違いをもたらす可能性がある。司法制度、権力の濫用を統制する独立した機関、軍や警察に対する文民統制など、効果的な政府や政治制度の有無も同様である。また、社会が繁栄し、経済的不平等を制限することができれば、大きな助けになる。民主主義は、リベラルであればあるほど、より強く、より回復力のあるものになる。

しかし、民主主義の持続は文化に始まり、文化に終わる。人々が民主主義を信じ、それを生活様式として守る意思があれば、経済発展の水準や緻密な制度設計はさして重要ではない。しかし、民主主う。

義が広範な支持を欠いていれば、民主主義はつねに脆い葦のように弱々しいものになってしまうだろ

では、民主主義の文化とは何だろうか。われわれはそれをどのようにして構築し、強固なものとして維持できるだろうか。

最も重要な要素は、民主的正統性である。すなわち、民主主義は他の想像可能な政府形態よりも優れているという、強靱で広く共有された信念である。人々は、何が何でも民主主義にコミットし、たとえ経済の急降下や収入の激減、政治家の不正があろうとも、それに固執しなければならない。

偉大な社会科学者であるセイモア・マーティン・リプセットとダンクワート・ロストウが数十年前に述べたように、民主主義へのコミットメントは、しばしば実践的理由から生じる。つまり、政治家は、相互の立場の差異を管理する方法として民主主義を選択し、市民は、（より自由なだけでなく）より高い水準の生活を提供してくれるためにそれを受け入れるのである。[7] しかし最終的には、「民主主義は最近私のために何かしてくれたのか」などという問いへの答えに依存しないほどに、この信念が人々の心の中に深く浸透する必要がある。通常、民主的正統性に対するこのような深い信念は、民主主義システムにおいて明確に秩序が維持され生活水準が向上したという長年の経験から生じるものである。世界恐慌以前の数十年間のアメリカやイギリス、カナダ、あるいは第二次世界大戦後の数十年間のドイツや日本を思い浮かべてみるとよいだろう。

私の同僚の民主主義研究者たちは、憲法とその規範に対するこのような無条件で広く共有されたコ

ミットメントを、民主主義の定着（*democratic consolidation*）と呼んでいる。問題は、民主主義へのコミットメントが確固たるものであるのか、それとも表面的なものであるのかは、政治情勢が悪化するまで——権威主義や移民排斥主義の風が欧米に打ち付ける今日のような、困難な情勢に至るまで——わかりにくいということである。

さらに、先進民主主義国は新たな課題に直面している。長い間、私たちの多くは、定着は一方通行であり、アメリカに小惑星でも衝突しない限り、民主主義は存続すると確信していた。しかし、一時的なショックではなく、労働者や中産階級の大部分の人々の所得が数年、数十年と低迷し、子供たちの生活が自分たちの生活よりも良くなるとはもはや信じられなくなるほどに、システムのパフォーマンスが大きく低下し続けた場合はどうなるのだろうか。これが現在のアメリカの状況である。二〇〇八年の金融崩壊後、二〇一六年時点では、家計所得の中央値は一九九九年の水準までしか回復していない(8)。ブルッキングス研究所の調査によれば、低・中所得世帯の賃金が低下または停滞する中で、「親よりも裕福に育つアメリカ人は著しく減少」しており、とくに農村部での激減が顕著であるという(9)。自らの所得や地位の転落を目の当たりにすると、人々は民主主義を脅かす扇動的な主張に影響されやすくなる。

民主的正統性への深く広い信頼があれば、市民は、困難な時代に権威主義的ポピュリストが発する危険な誘惑に対しても免疫力を持つことができる。また、政治的妥協への道を円滑にし、民主主義が二極化や行き詰まりに向かうのを防ぐことができる。さらに、選挙で選ばれた強権的政治家が民主主義のゲームのルールに干渉し始めた場合には、政治家に対し、党派や個人的な利益よりも民主主義の防衛を優先するように鼓舞することができる。そして最後に、一般市民に対し、より慎重な立場、そしてより市民的な行動を取るよう促す力がある。

民主的正統性は、他の多くの規範を導き出す上位規範である。民主主義の文化は、知性と政治的柔軟性の文化でもある。政治家や自分の考えをもつ市民は、強いイデオロギーや対立的な政策を有するかもしれないが、彼らの大部分は証拠と論理を受け入れ、交渉と妥協を許容しなければならない。民主主義には、他の市民の良識と博愛への信頼と異なる視点への寛容が必要である。そのため、自身の政治的立場についての謙虚さや、自身の立場を疑う目も若干必要である。中国研究者の故ルシアン・パイがかつて述べたように、開放的な知的態度によって人々は、「誰も絶対的な真実を独占しておらず、公共政策の問題には単一の正解は存在しえないという考え」を受け入れ、寛容性を高める[10]。

民主主義の文化は節度の文化でもある。妥協を裏切りと見なし、耳障りな証拠を偽物と見なす「狂信者」同士によって政治が支配されていれば、民主主義は機能しない。民主主義には、礼節と相互尊重の潮流も必要である。対立する政治家や活動家がお互いを邪悪で不道徳なものとして中傷しあうと、民主主義のゲームのルールは驚くほど急速に希薄化し、しばしば民主主義の安定を損なう暴力にまで発展してしまう。そうなってしまった場合、人々は悪に妥協し、彼らの議会での勝利を受け入れ、あるいは――あってはならないことだが――彼らが権力を握ることを許すことになりかねない。

したがって、正統性や寛容性、信頼、そして節度や柔軟性、妥協、礼節、相互の尊重、自制、これらすべての規範が民主主義にとって欠かせないのである。これらと並んでもう一つ、スタンフォード大学の私の同僚であるアレックス・インケレスが述べたように、権力に対する「盲目的な従順」でも「敵対的な拒絶」でもなく、「つねに用心深いが……責任感のある」態度も重要である。(11) もし人々が権威に対して冷笑的であれば、政府は人々の協力と尊敬を得ることができず、政治的二極化と政府の行き詰まりを引き起こす——そうした状況下では、市民はさらに孤立し、民主的なルールからの離脱に追い込まれることになる。しかし、その反対の行動様式もまた、民主主義にとって有害である。権威に対して隷属的に服従し、魔法のようにすべての苦境から社会を解放すると約束する動きに対して自らの自由を明け渡す行動は、民主主義を傷つけることになる。

偉大な社会民主主義の哲学者シドニー・フックは、ヒトラーやスターリン、ムッソリーニの時代に、まるでプーチンやベネズエラのウゴ・チャベス、トルコのレジェップ・タイイップ・エルドアンなどの現代の専制支配者の台頭を予想したかのように、以上のような洞察を雄弁に書き記している。彼は、民主主義を機能させるためには、「自らの指導者に対する知的な不信感」が必要であると述べている。そして「権力の拡大を求めるあらゆる要求に対する」厳重な疑念や、「教育や社会生活のあらゆる局面で批判的な方法に重点を置くこと」が必要であると論じる。彼はさらに、「懐疑主義が、無批判な熱意と、社会の複雑さゆえに生じる多面的な神格化にとって代わられるところでは、独裁のための肥沃な土壌が用意されているのだ」とも記している。(12)

健全な民主主義においては、公衆側に知的懐疑主義があれば、政治指導者側の慎重な自己抑制を促すことができる。ハーヴァード大学の政治学者スティーヴン・レヴィツキーとダニエル・ジブラットは、これを自制心（*forbearance*）と呼ぶ。彼らの言う自制心とは、「法律の文言には違反しないものの、明らかにその精神に反する行為」を回避しようとすることを指す[13]。民主主義の魂が寛容や信頼、妥協であるとすれば、自制心はこれらの規範を政治的圧力から遮断する調整弁である。自制心は、政治家が恒久的な政治的勝利のためにあらゆる法的権限を利用して（あるいは迂回して）相手側を潰してしまうことがないように抑制する機能を果たす。

アルゼンチンの政治学者である故ギジェルモ・オドンネルとスタンフォード大学での私の以前の同僚であるフィリップ・シュミッターによる民主主義への移行に関する最も影響力のある学術的研究も、同様の指摘をしている。ほとんどの場合、独裁を民主主義に置き換えるには、敵対的な政治的ライバル同士が相互の核心的利益を保証し、自分たちの政策を徹底的には押し進めないことに同意するような、交渉による妥協を必要とする。民主主義者は専制支配者に対し、要するに、「権力の座から去れば、あなた達を起訴しない」と述べる。また、左翼は右翼に対し、「自由で公正な選挙を認めてほしい、そしてもしわれわれが勝っても、君たちの財産権は尊重する」と伝える。そうした状況によって、南アフリカのアパルトヘイト体制の支配者たちは、黒人の多数派に向かって「われわれの富と権利に対して憲法上の保護を与え、復讐を放棄すると約束してくれれば、民主主義を認める」と述べるに至ったのである[14]。

新しい民主主義国にとって問題なのは、この相互の抑制が、一方の側が他方を抹殺するのに十分な力を獲得するまでの間しか履行されない戦術的なものに過ぎないかもしれないということである。他方、古くからの民主主義諸国は逆の問題に直面している。専制政治の記憶が薄れていくにつれて、人々は民主主義を当然のものと見なす傾向がある。彼らは民主主義の脆弱性を見失い、民主主義の規範について無頓着になり、軽率に無作法、不寛容、権力奪取へと一線を越えてしまう。

古くからの民主主義が、自らを偉大なものにしてきた経路を見失ってしまうと、与党は反対派の意見に耳を傾けたり、妥協したりすることを拒否する。野党はそれに対し、妨害や政府の閉鎖で報復する。そうすると度が過ぎた党派政治が激化し、信頼と相互尊重の布が薄くなっていく。これが、民主主義が機能不全を起こし、危機にいたる道である。そしてこれはまさに、現在アメリカが辿っている道である。

民主主義の社会的条件

かつて多くの学者は、非西洋世界の多くは暴政に陥る運命にあると考えており、たとえばアジア諸国やイスラム諸国には、民主的な妥協と寛容の文化とが結びついたリベラルな啓蒙主義的価値観が欠如していると主張していた。しかし、中東やアジアの社会に関するこのような偏見はともあれ、時を経て、そしてより最近の研究では、民主的な文化が出現して定着することを可能にするような社会的・経済的条件が備わった結果として、文化は変化するのだということが示されている。民主主義は決して欧米だけのものではないのである（世界最大の民主主義国は十三億人の人口を抱えるインドであり、ついでアメリカ、そして二億六〇〇〇万人以上の人口のうち多数派がイスラム教徒であるインドネシアが続くということを思い起こしてほしい)。

政治学者は、民主主義が繁栄しやすい条件について多くのことを知っている。重要な条件の一つは富であるが、どんな形の富でも良いというわけではない。国が石油やその他の鉱物資源に依存している場合、その富は腐敗した国家を運営する少数のエリートによって管理され、搾取され、浪費されることが多い。石油が豊富なサウジアラビアやイラン、ロシア、および他の専制国家では、このことが深刻な経済的不平等を生み出し、自由な企業活動を阻害し、国家の抑圧機構を膨張させている。こうした状況は、寛容さ、信頼、および権力への平和的な競争の公式には全く当てはまらない。

他方、民間企業や中小企業、法の支配が緩やかに拡大して国が豊かになっていくと、より健全なダイナミズムが生じる。所得と富はより平等に分配され、教育と知識の水準は着実に上昇し、社会関係資本は金融資本とともに成長する。そうすると、職能団体や利益集団、組合、文化団体、汚職防止の監視機関、マスメディア、大学など、さまざまな組織が存在する分厚い社会が成立する。このような状況下では、これらの異なる集団は、政策をめぐって、ときには激しく衝突することがあったとしても、相互に他者の権利を尊重しあうようになる。

社会の大部分が中流階級か、合理的かつ安定していて好調な労働者階級に属するようになると、政治は違った色合いを帯びてくる。そうなれば、リプセットが何十年も前に指摘したように、下層階級であっても、革命的な変化ではなく、漸進的な改革を求めて、より柔軟に、より長い時間軸で政治にアプローチすることができるようになる[15]。

ここでとくに重要なのが教育である。少なくとも高校まで教育を受けると、人々の人生観が広がる。彼らは他者との差異に対してより寛容になる。このことによって、人々はより積極的で、情報に精通し、合理的な市民になる傾向があり、過激派からの誘惑に対する耐性を持てるようになる（ただし、アメリカのような裕福な国では、こうした利点をもたらす教育の入り口は大学になりつつあると思われる）。

つまるところ、仕事を持たず、次の食事にどこでありつけるのかもわからず、経済的な地位を喪失することに怯えながら生活していると、政治的に寛容で忍耐強い態度を取ることが難しくなるのである。地位の低下は深い憤りを生み出し、絶望的な貧困は絶望的な政治を生み出す。

以上すべてが、国が豊かになり教育水準が向上するほど、民主化したり民主主義が定着する準備が整うことの理由を説明している。サミュエル・P・ハンティントンは、一九九一年に発表した古典的研究『第三の波』において、民主主義への移行が生じやすいのは、一人当たりの所得が「体制移行のゾーン」――今日の名目ドルで約三五〇〇ドルから一四〇〇〇ドルの間――にある国々であると明らかにした[16]。このゾーンに位置する国ほど（あるいはそれを上回る国ほど）、民主主義が持続する可能性は高まる。ギリシャとスペイン、ブラジルとチリ、韓国と台湾、ポーランドと南アフリカなど、過去数十年の持続的な民主主義への移行のほとんどは、このゾーンで発生している。

とはいえ、貧困は民主主義の発展を完全に不可能にするというわけではない。貧困国（世界最貧地域であるアフリカを含む）のうち数カ国は、質は低い傾向にあるものの、民主主義国である。貧しい国々、とくにアフリカの国々の市民は、しばしば、単に民主主義に対してのみならず、多元主義のリベラルな価値観へのコミットメントを表明している。そして、豊かで高学歴の人々が必ずしも民主主義の最も献身的な擁護者であるとは限らない。

ボツワナを含むいくつかの発展途上国も、一人当たりの所得水準が相当に低い中にあっても何とか民主主義を立ち上げ、維持してきた。このような国々では、富が平等に分配され、寛容と多元主義の価値観が十分に浸透していたために、困難が乗り越えられた。植民地時代には僻地であったボツワナでは、伝統的な規範によって、酋長が圧倒的な富と権力を手にすることが制約され、独立達成後には、政府は利益を広く分配する国家主導の資本主義的発展という実践的な政策を追求した(17)。

とはいえ、民主主義が世界の隅々まで広がっていく中で、その成功が経済的繁栄と強く結びついていることに変わりはない。国連の開発指標である人間開発指数は、一人当たりの所得だけでなく、平均寿命や教育レベルも測定しているが、この国連の基準では、世界で最も裕福な二五カ国のうち二四カ国が民主主義国である（唯一の専制的な例外は、小国で裕福なシンガポールである）。そして発展の階段を下るほど、民主主義国の割合も低くなる。世界の貧困国の中で民主主義国はわずか四十％に過ぎず、そのほとんどが成績の悪い民主主義国である。さらに、世界で最も貧しい十一カ国のうち、民主主義国はわずか二カ国のみである。

民族的分断もまた、民主主義が根付くのを困難にする。社会が二項対立的なアイデンティティの線

――世俗派対宗教派、キリスト教対イスラム教、スンニ派対シーア派、白人対黒人、キクユ族対ルオ族、シンハラ人対タミル人など――に沿って深い分断を抱えている場合、民主主義はひどく緊迫する。深い民族間の分断が必然的に権威主義や内戦をもたらすわけではないが、インドやナイジェリア、イラクのような社会においては、民主主義には、それぞれの集団に権力への利害関係を付与し、民主主義が有意義で安心なものであると思わせるような、精密に設計された憲法秩序が必要となる。

適切な制度の構築

これらの基本的な条件が重要ではあるが、このことは、国家が歴史や社会の遺伝的体質から抜け出せないということを意味するわけではない。その国が民主的になれるかどうかは、政治的・社会的指導者が獲得した権力をどのように行使するか――とくに、民主主義の政治制度をどのように設計し、運用するか――にかかっている。大統領制と議院内閣制のどちらを選択するのか。執政府に権限を与えるのか、執政府の権限を制約するのか。議員はどのように選出するのか。どのようにして政府を監視し、憲法の遵守を促し、法の支配を擁護するのか。

私の同僚の政治学者たちは、どのような制度配置が最もよく機能するのかについて、とくに大統領制と議院内閣制の利点を中心に、何十年もの間議論してきた。これらの議論の要点を押さえることは、世界中の民主主義の強靱性を――そして脆弱性も――説明するのに役立つ。

民主主義の専門家の多くは、いくつかの理由からイギリスやドイツのような議院内閣制を支持する傾向がある。(18)議院内閣制——選挙で選ばれた議会で最も議席数の多い政党や連合が政権を握るシステム——は、アメリカの分割政府のような、大統領の出身政党が議会で少数の場合に生じうる行き詰まりの問題を回避できる。議院内閣制では、一般に、首相が政権を樹立するには議会での過半数の支持を必要とし、それが自分の党だけで得られない場合には連立を組む必要がある。そして、連立が崩壊した場合には、政権は瓦解し、新たな連立の形成か選挙の実施が求められる。

民主主義の専門家は、このような効率性と簡潔性を好む。このようなシステムは多くのアメリカ人にとっては、慣れ親しんだ大統領の任期制に比べると安定性に欠けると感じられるかもしれない。しかし、議院内閣制は危機を乗り越える上でより柔軟性があり、法案を通過させる公算が高く、そして万が一政府の長が死去や憲法違反で交代するような場合には、地位の継承が容易である。

多くの発展途上国——まずラテンアメリカ諸国、ついでアフリカやアジアの国々——は、アメリカの大統領制を模倣しようとしてきた。しかし、アメリカのモデルにはもう一つの大きな欠点がある。それは、大統領職が専制へのより直接的な道を提供するということである。執政府の長には在任期間が保証され、人事、命令、治安部隊の監督など幅広い裁量権が与えられる。多くの新進の専制支配者が——その直近の例はトルコのレジェップ・タイイップ・エルドアンである——憲法を議院内閣制から大統領制に改正することによって民主主義の解体を終えたのも不思議なことではない。

とはいえ、権力の濫用は大統領に限ったことではない。多くの首相が、議院内閣制の民主主義国を蹂躙してきた。そのような首相には、一九七五年に緊急事態を宣言したインドのインディラ・ガンディーや、直近では、憲法規範を著しく踏みにじったために二〇一四年の総選挙で野党がボイコットし、それによって批判者を弾圧する自由な手綱を得てしまったバングラデシュのシェイク・ハシナなどが含まれる。

緻密に設計された制度は、他のいくつかの領域にも影響を与える。一つには、選挙制度がうまく運営され、公正であると広く認識させることができるかという問題である。このことは、アメリカの民主主義の機能不全の重要な要因となっている。アメリカでは二〇〇〇年以降、選挙制度によって一般投票では明確に敗者であった二人が大統領に就任しており、党派的に選出された州務長官がほとんどの州で選挙を管理している。

第二の大きな問題は、立法府の議員の選出に関わるものである。アメリカでは、ほとんどの議員は、研究者が単純小選挙区制（*first past the post*）と呼ぶシステムで選出されている。各選挙区で選ばれるのは一人だけで、過半数を獲得したかどうかにかかわらず、最も多くの票を得た者が必ず勝利する。この制度はイギリスから引き継がれたもので、アメリカ人にとっては自然なことのように思える。しかしながら、後述するように、これは今や民主主義国のほとんどに共通する議員選出方法ではなくなっており、そして幸いにも、アメリカの一部の市や州でも、このシステムに異議が唱えられ、置き換えられ始めている。

多くの民主主義国は、魅力的な代替案を見出してきた。それはある種の比例代表制を用いることである。比例代表制は、定数が一人の選挙区ではなく、さまざまな規模の選挙区から複数の議員を選出するシステムである（イスラエルやオランダのように、一部の国では全国が一つの選挙区となっている）。そして、各政党は、全体の投票に占める得票率に比例する議席を得る（このようなシステムでは通常、市民は一人の候補者に投票するのではなく、政党のリストに投票し、たとえば共和党が五三％を得票したとすると、立法府の約五三％の議席を得ることになる）。このようなシステムは、市民の選好を反映し、女性やマイノリティの票も含めてすべての票を有効にし、人々に投票を促すという点で、かなり優れた効力を発揮している。

しかし、比例代表制の長所は同時に短所でもある。多くの政党が（通常は得票率二～五％の阻止条項をクリアした場合に）議会で少なくとも数議席を獲得できるため、この制度は立法府を分断するとともに、より極端な勢力の参入を可能にしてしまう。各国とも共産党が四％を得票すれば、立法府に参入することとなる。これが一九二〇年代後半のワイマール・ドイツが苦しんだ民主主義の呪いであった。極端な比例代表制のため、ドイツの国会は左右両極にいたるまで多くの政党に分断されていた。その後の十年間でドイツの経済的・社会的危機が深まると、極左の共産主義者と極右のナチスが最も多くの議席を獲得して、両党のいずれかを抜きにしての政権形成が困難になった。そしてこのことが、筆舌に尽くしがたい悲劇的結末をもたらしたのである。

第二次世界大戦後、悲嘆に暮れたドイツの民主主義者たちは、制度を再設計するにあたり、五％以上を得票した政党のみが議会に参入できるようにした。それによって、その後七十年間にわたって、過激派は戦後の議会である連邦議会から排除されていた。しかし二〇一七年、反移民の揺り戻しの中で、極右政党「ドイツのための選択肢」が予想に反して十三％近くの票を獲得し、議会で三番目に大きな政党となった。このようなことは、小選挙区制では起こりえないことである。

比例代表制と小選挙区制の双方に重大な欠陥があるため、専門家たちは別の方法を模索してきた。最も有望な代替案としては、優先順位付投票制（*ranked-choice voting*）と呼ばれるものがあり、百年前からオーストラリアの下院議員選挙で使われている。この制度では、小選挙区の候補者が勝利するためには、過半数（もしくはほぼ過半数）の票を獲得しなければならない。しかし、有権者は一人の候補者に投票するのではなく、候補者に一位、二位、三位などの順位をつけて投票する。もし、第一希望票の過半数を獲得した候補者がいなければ、投票数が最も少ない候補者が落選し、その候補者の得票を第二希望の候補者の得票として計算し直す。このプロセスは、誰かが過半数（または最終ラウンドでの最多得票数）を獲得するまで、「即時決戦」の一回きりの投票で繰り返される。

私はこの制度が良いと考えており、民主主義の研究者や改革者の間でもこの制度への支持は増加し続けている。優先順位付投票制は、政治的営みにおける節度や、連合の形成、礼節を促すものであることがわかってきている。競争の激しい選挙区では、候補者はもはや狭い支持層にアピールするだけでは勝てなくなる。候補者は、自分を第一希望にはしない有権者の第二希望、場合によっては第三希望の票を惹きつけるような、広範な支持を得られる主張をしなければならない。このような力学は、過激派や単一争点の不満を持つ候補者が勝利することをはるかに困難にする。そして、このことはアメリカの民主主義を悩ませている多くの問題を解決するのに役立つかもしれない。

権力の制限

たとえある国の民主主義が適切な投票制度を見つけ出したとしても、別の課題に直面することになるだろう。それは、政治家が富を蓄え権力を濫用するのを、政治制度によってどのように抑制できるかという問題である。頑丈な自由民主主義には、強靱なチェック・アンド・バランスが必要である。アメリカ合衆国憲法は、ジェームズ・マディソンの有名な言葉を借りれば、アメリカ政府の三つの部門のそれぞれに「自身の意思」を与えることによって、「野望には、野望をもって対抗させる」ように設計されている(19)。

しかし、独立した司法と立法だけでは、良い政府を担保するには不十分であることが経験的に明らかになっている。自由民主主義には、政治的権力を分散させ、抑制するための他の機関の網目が必要である。二十世紀の間に、政府を監視し、規制と監督の繊細な機能を果たす新しい独立機関が数多く誕生した。中央銀行、選挙管理委員会、政府の会計を調査する監査機関、そして金融や通信、公衆衛生を規制する専門機関などである。

アメリカは、独占行為を防止し公共の利益を保護するために、多くの連邦規制機関を設立した。しかしながら奇妙なことに、他の自由民主主義諸国には今では普遍的に見られるいくつかの機関は設立してこなかった。すなわち、選挙を管理し、執政府と立法府の汚職を調査する国家的権限を持つ強力な機関は存在しないのである。最古の民主主義国であり、最古の連邦制でもあるアメリカは、時代遅れの取り決めに悩まされている。五十州それぞれが、多種多様な投票基準のルールによって各自の選挙を管理しており、議会は自らの倫理的過失を自らで調査する。さらに、大統領の犯罪捜査は、執政府内に設置された司法省と、大統領が自らの目的のために影響を与え、利用しようとしてきた、連邦法執行機関である連邦捜査局（ＦＢＩ）に委ねられている。ドナルド・トランプも、それらを自らの意に沿わせようと繰り返し試みてきた。

説明責任委員会や、より独立した検察庁のように、不正行為を調査するためのあらゆる追加的なメカニズムは、公正で、勇敢で、政治的に独立したものでなければならず、監視対象である政治家に従属してはならない。このような監視役は、不正を働いた現職の地位を脅かしたことによってではなく、正当で証明可能な理由がある場合にのみ解任されるべきである。そして、正当な手続きが保証された上で、告発や罰則を科す権限が必要である。

このため、一九七〇年代にリチャード・ニクソン大統領がアメリカの司法制度と自由な選挙を脅かしたウォーターゲート事件を契機として、議会は高官による不正行為の嫌疑を調査する独立検察官事務室を設立した。しかし、とくにケネス・スターによるビル・クリントン大統領に対する執拗な捜査の間、両党はこの機関を暴走列車のようなものとして見るようになっていった。一九九九年には、司法省が利益相反に陥った場合や、「公共の利益」が明白だと見なした場合に、司法長官が特別検察官の任命を認めるとする新規則への改定が行われた。[20] この新たなルールでは、特別検察官は運用上の自律性を備えているが、大統領による解任の可能性は残されたままとなっている。[21] こうした脆弱性は、トランプ政権下においてアメリカの民主主義で危機の中心となっていた。

政治指導者たちは、自分でコントロールできない組織に権力を監視され、制限されることに同意するだろうか。十分に確立された民主主義国でさえ、綿密で独立した監視の見込みを歓迎する指導者はほとんどいない。したがって、真の独立性は、市民社会がそれを要求して組織化されたときにのみ得られるのである。[22]強力で、十分に焦点を絞った国民の圧力がなければ、その国には口を閉ざした監視役しか存在しなくなってしまうのが常である。そして、これらの機関に対する国民の関心と献身は、長期的に維持されなければならない。

民主主義が存続するためには、権力は選択されるだけでなく、監視されなければならない。その理由を知るために、タイの最近の歴史を見てみよう。一九九七年以降、タイは説明責任に関する強力な制度を備えた、革新的な憲法を採用した。そして二〇〇一年には、タクシン・チナワットという億万長者の大富豪が、長い間支配的だった都市部のエリートに反発し、無視されてきた地方の人々を動員して、選挙で衝撃的な勝利を収めた。

十五年後にアメリカで同じような離れ業を成し遂げた億万長者のポピュリストと同様に、タクシンの選挙は激しく物議を醸した。タイの国家汚職防止委員会は、タクシンが閣僚時代に、提出が義務づけられた資産申告書を改ざんしたため、法的に首相になることが禁じられているとの判決を下した。タクシンは反撃し、「人民」を動員してエリートに対抗し、憲法裁判所に提訴した。そして、わずか一票差（バンコクではしばしば、買収されたと噂されている）で、裁判所は彼の首相就任を認めたのである。

首相として、タクシンは多くのポピュリスト的公約を実現したが、タイの憲法規範をも覆してしまった。彼は、自らの敵対者を非愛国的で「愚かだ」と攻撃した。国の説明責任に関わる機関を、ジャーナリストや評論家を調査するものへと変質させてしまった。「悪人は死んで当然だ」と言い放ち、麻薬の売人や南部の少数派イスラム教徒の暴力的抵抗に対する殺人を厭わない攻撃を開始した。メディアを追い回し、「肯定的な」ニュースを要求し、批判者には名誉毀損訴訟や犯罪捜査まで持ち出して脅迫した。(23) 彼は地滑り的な勝利で再選され、チェック・アンド・バランスの侵食を加速させていった。そして二〇〇六年、軍は彼を転覆させた。それ以来、タイの民主主義は今に至るまで回復されていない。

両国の共通点は明らかであろう。タイの悲劇は、最も美しく設計された憲法でさえも悪用される可能性があることを示している。自由民主主義の究極の防御策は憲法ではなく、自由で、情報に精通し、公理にかなった市民が、民主主義や権利の濫用を許さないという文化にあるのだ。このことは、アメリカでもタイと同様である。

第3章
民主主義の行進と後退

トクビルがアメリカにおける近代民主主義の出現を観察してから一世紀半後、継続的な民主化の波は、独裁制を徐々に打倒していった。経済発展の満ち潮に支えられて、それぞれの波は、前の波よりもさらにすすみ、引き潮もより小さくなってきた。比喩を変えるならば、歴史は、それほど真っすぐにはすすんではいない。しかし、能力のあるそして決然とした指導者がそれを推しすすめれば、歴史は前進するのである。

――サミュエル・P・ハンティントン『第三の波』(1)

自由の潮流

民主的変化は孤立した事象として発生するのではないことを歴史は示している。むしろ、民主主義は、地域や地球全体で、波のように前進したり後退したりする。そしてここ数十年、アメリカの支援は——模範として、インスピレーションの源として、そして援助や専門家的知識の源泉として——その潮の満ち引きに大きく関わってきた。

ハーヴァード大学の政治学者、故サミュエル・ハンティントンが説明したように、歴史の波を決定づけるのは、利益と損失のバランスである。民主化の波では、民主主義へと移行する国の数が民主主義から後退する国の数を大幅に上回り、全体として自由のレベルは上昇する。一方、揺り戻しの波では、その逆のことが起こる。つまり、民主主義は縮小し、人類の自由も縮小する。この議論は完全ではないが、民主主義の進歩には後戻りする可能性があるのだと気づかされる。また、目下の世界的な民主主義への攻撃——アメリカからの抗議をほとんど受けずに行われている——が歴史的に重要であると同時に非常にやっかいなものである理由も、この議論から明らかになる。今日の危機を理解するためには、過去の波を理解しなければならない。

ハンティントンは、世界的な民主化の第一の波はアメリカの民主化から始まったと主張した。彼は、(疑問の余地があるが)一八二八年、すなわちアメリカの白人男性の半数以上が投票権を得た年を、その開始年とした。第一の波は徐々に西欧の大部分と東欧のいくつかの国(ポーランドなど)、カナダ、オーストラリア、ニュージーランド、そして南米の四カ国を飲み込んでいった。そして一世紀後には、三十カ国以上の国で「少なくとも最低限の国家的な民主主義制度が確立した」とハンティントンは述べているが、そのうちのいくつかは、今日では半民主主義的な体制に過ぎなかったと考えられている。(2)

民主主義は世界中に拡大する一方で、革命の失敗や体制移行の中断、憲法による支配の崩壊といった挫折も経験した。第一の波が最高潮に達すると同時に、逆の波が押し寄せ始めた。それは一九二二年、イタリアのファシスト、ベニート・ムッソリーニがローマに進軍し、イタリア国王に対して彼を首相に任命するように要求するとともに始まった。ムッソリーニは、ハンティントンがイタリアの「壊れやすく、むしろ腐敗した民主主義」と呼んだものを容易に葬り去ってしまった。民主主義の後退はすぐにポルトガル、ポーランド、バルト諸国で続いた。

決定的な転機は一九三三年、ナチスがドイツで権力を掌握したときに訪れた。ヒトラーとムッソリーニはヨーロッパ全土にファシズムを広め、日本とラテンアメリカの大部分では文民や軍人による騒乱が民主主義を終結させた。リベラルな社会が一九三〇年代の長引く経済的不況に苦しむ中で、イギリスやアメリカにおいてさえ、民主主義への疑念が高まった。ナチス・ドイツと帝国主義の日本が進撃を続けるなか、多くの人々が、独裁こそが国家の脆弱性や不確実性、衰退の解決策であると――さらには新たな世界的時代精神なのである――と結論づけた。この勢いがとまり、民主化の第二の波が立ち上がるには、第二次世界大戦での枢軸国の敗北を待たなければならなかった。

第二の波は西欧の大部分に民主主義を回復させ、日本とトルコに最初の実質的な民主主義を導入し、ラテンアメリカで民主主義をさらに広めた。しかし、この波は短命で、一九六二年には終わってしまった。コスタリカ、ベネズエラ、コロンビアを例外として、アルゼンチンやブラジル、ペルーなどのラテンアメリカの新たな、あるいは復活した民主主義国のほとんどは、軍事クーデターの波で崩壊した。

第二の波では、アフリカやアジア、中東においても、ヨーロッパの帝国が第二次世界大戦後に崩壊して脱植民地化したことによって、多くの新たな民主主義（および準民主主義）が誕生した。これらの新興民主主義国は、主に選挙と法の支配の経験を有した旧イギリス植民地（インド、スリランカ、ジャマイカ、ボツワナ、ガンビア、ガーナ、ナイジェリア、ビルマ、マレーシア）であった。これらの民主主義国のうち最初の四カ国は現在まで存続している（ただし、一九七五年から一九七七年のインディラ・ガンディー政権下におけるインドの非常事態宣言の短期間と、スリランカでより最近見られた民主主義の中断時期を除く）。しかし、トルコ、韓国、インドネシア、フィリピン、アフリカ全域を含む第三世界のほとんどにおける複数政党制の立憲的体制は、最終的に軍政や一党支配、または個人支配に道を譲った。ハンティントンの計算によれば、第二の波の間、民主主義国の数はピーク時には五一カ国に達していたが、その後わずか二九カ国にまで減少したという(3)。

増加する民主主義

一九七四年四月二五日、ヨーロッパで最も長く存続していた独裁国家の一つであるポルトガルの「新国家（エスタド・ノヴォ）」が、左翼の若い将校たちの秘密結社によって転覆された。何千人もの市民がリスボンの通りに押し寄せ、軍の反乱を応援し、ライフルの銃身にカーネーションの花を添えたことから、このクーデターは「カーネーション革命」と名付けられた。ポルトガル国民は、ほぼ半世紀にわたる政治的抑圧と経済的停滞から解放されたことに興奮した。そして、NATOの同盟国は、恥ずべき時代錯誤——ヨーロッパにおけるファシストの過去に根ざし、アフリカの植民地を維持しようと無意味な戦争に巻き込まれていた宗教保守の専制——からの脱却に安堵した。

ポルトガルの独裁が崩壊したとき、誰もそれが第三の世界的な民主化の波を引き起こすとは想像していなかった。ポルトガルは民主主義の経験に乏しく、隣国スペインはフランシスコ・フランコの独裁政権下にあった。その後一年半の間に、軍の敵対派閥が陰謀を企て、労働者はストライキに走り、農民は農場を占拠し、ソビエトは共産主義者を支持し、混乱が内戦を勃発させる恐れがあった。しかし、分裂した軍の支配権を民主派の将校が獲得し、社会党指導者のマリオ・ソアレスのような勇敢で現実的な政治家が、選挙政治でポルトガルの共産主義者を打ち負かした。一九七六年、ポルトガルは第三の波における第二の新たな民主主義国となった。

一九七四年、キプロスにおけるトルコへの敗北によって七年間の軍事独裁政権が崩壊したギリシャが、この波で初めて民主主義に復帰する国となった。一九七八年には、スペインが三番目の国として続いた。スペインでは一九七五年にフランコが死去した後、アドルフォ・スアレスという若い保守派の首相が民主化の潮流に巧みに乗じた。

西側の人々は、新たな民主化傾向に意識を奪われ過ぎていた。一九七四年四月二五日、リスボンで兵士たちが反乱を起こしていた頃、ワシントンでは特別検察官のレオン・ジャウォルスキーが、リチャード・ニクソンを大統領職から引きずり下ろすことにつながりうるホワイトハウスの録音テープ六四本を手に入れようと戦っていた。アメリカはウォーターゲート事件に翻弄され、ベトナム戦争から抜け出そうともがいていたが、同時にヘンリー・キッシンジャー国務長官は、冷戦がなおも続く中で独裁者に優しい外交政策を続けていた。西洋以外では、民主的な国はほとんどなかった。

しかし、アジアやラテンアメリカでは自由への熱望が渦巻いており、アメリカの政治と外交政策の変化がすぐにそれらを後押しした。一九七三年には、アメリカ連邦議会は人権を後押しし、人権を抑圧する者を罰してアメリカの援助を削減するようになった。そして一九七七年には、敬虔なキリスト教徒であるジミー・カーター新大統領が、アメリカの外交政策を自ら主導して変化させ始めた。

カーターは強力な公式声明を発出し、人権侵害国への対外援助を削減し、国務省に新しく人権関連部局を創設して、アメリカの外交政策における人権の価値を高めた。歴史家アーサー・シュレジンジャーの言葉を借りれば、アメリカの外交政策において人権を「世界的良心」のレベルに引き上げたのである(4)。アメリカの圧力は政治犯や活動家の命を救っただけでなく、世界中の民主主義運動に希望を与えた。アメリカの新しい政策は、軍事的独裁者の正統性を弱め、自由化を迫り、穏健派を後押しした。たとえば一九七八年、カーターは、ドミニカ共和国で軍が野党候補の大統領選挙当選を阻止するために開票を停止した後、厳重な警告とともに軍艦を派遣した。この国の強権的政治家、ホアキン・バラゲールは敗北し、新たな（暫定的ではあるが）民主主義が誕生した。[5] 一九七〇年代後半から八〇年代初頭にかけて、エクアドルやボリビア、ペルー、アルゼンチン、ブラジル、ウルグアイで、軍事支配から民主主義への移行の波が続いた。

民主革命

一九八〇年のアメリカ大統領選挙でロナルド・レーガンがカーターを破った時点では、世界的に自由が新たに爆発的拡大を見せるなどということはまだほとんど期待できないように思われた。レーガンはソビエトの抑圧に対してはより厳しい路線を取ることを公約していた。レーガンと新国連大使のジーン・カークパトリックは、カーターに対し、イランのシャーやニカラグアのアナスタシオ・ソモサ大統領のような権威主義的なアメリカの同盟者に自由化を迫る一方で、共産主義者の暴政を甘く見ていることを非難した。彼らは、このような二重基準は、より暴虐で、アメリカに対し敵対的な体制を誘導すると主張した。[6] レーガンは、一九八一年の就任演説で、「忠誠には忠誠をもって応える」と宣言した。[7] これは、アウグスト・ピノチェトのチリ、フェルディナンド・マルコスのフィリピン、クーデターが続発する韓国、アパルトヘイトの南アフリカなど、アメリカに忠実な専制的友好国への支持を新たにすることを意味していた。

しかし、レーガンが一九八九年一月に退任するときまでには、これら四つの国の体制はすべて、すでに消滅していたか、衰退しつつあった。ソビエト連邦もそうだった。

レーガンの外交政策の変化は、国際情勢と、自由に対する彼自身の情熱的な信念の両者の産物であった。一九八二年六月二五日、レーガンはイギリス議会において、マルクス主義を根底から覆す歴史的な演説を行った。演説の中でレーガンは、矛盾が深まりつつあるソビエトの体制は「歴史のゴミ箱に打ち捨てられるであろう」と予言した。アメリカのリベラル派の多くは依然として、レーガンを時代錯誤的な「冷戦の戦士」と見ていたが、ウェストミンスターのイギリス議会でレーガンは、「民主主義革命」が世界を席巻していること、そしてそれがアメリカの支援に値するものであることをいち早く認識していた。レーガンは、「民主主義のインフラを構築する」という新しいアメリカのイニシアティブを提案した。翌年、議会は異例の超党派の支持を得て、全米民主主義基金を設立した。

一九八二年の時点で、世界の民主主義国の割合は一九七四年の三十%から三四%へとわずかに増加していた。いくつかの新しい民主主義国が誕生したが、トルコやバングラデシュ、ガーナ、ナイジェリアなど、他の民主主義国は失敗していた。また、民主主義国の新たな増加は、人口が百万人未満の小さな島国に大きく偏っていた。

そして一九八六年二月、政治的な奇跡は起こった。フィリピンの人々が独裁政権を倒そうと、一連の非暴力的な民衆運動の第一段階として立ち上がったのである。二十年間政権を握っていたマルコスは、一九八三年八月にカリスマ的存在であったベニグノ・アキノが暗殺されて以来、激しい非難に直面していた。人権侵害は激化し、マルコス一族の不正は深まっていた。まるでマリー・アントワネットの生まれ変わりのようなファースト・レディのイメルダ・マルコスは、数百万ドルの買い物と三千足の靴で、政権の病的な強欲と横暴を体現していた(8)。一九八五年十一月、レーガンの使者が改革を求めて訪問した直後、追い詰められたマルコスは、自身の統治に対する国内外の信頼を回復するために、「辞任選挙」と称した大統領選挙の実施を唐突に発表した。

マルコスは、深い分断のため野党が本格的な挑戦をすることはできないと考えていた。しかし、彼は新しい時代の幕開けを——フィリピンに、そして世界に——もたらす四つの要因を予期できていなかった。

第一に、ローマ・カトリック教会の劇的な方向転換があった。カトリック教会では、ヨハネ・パウロ二世が教皇に即位した一九七八年以来、弾圧に反対する活動を漸進的に拡大させていた。主にカトリック教徒の多いフィリピンでは、ハイメ・シン枢機卿——フィリピン人から「最も偉大なシン」と呼ばれ敬愛されていた——が、選挙実施発表の翌年、戒厳令の廃止と民主的な選挙を要求して政権と決別した。一九八六年、シンは、アキノの未亡人コラソンを大統領候補者として野党が結束するよう促した。そしてマルコスが公然と選挙不正を行ったとき、シンは大衆の抗議行動をたたえ、奨励した。これはマルコスが予想していなかった第二の要因であった。すなわち、何十万人ものフィリピン国民——ジョージ・シュルツ国務長官は「人間の生き生きとした川」と表現した(9)——が票を守るために結集したのである。

第三の要因は、マルコスによる選挙不正の証拠があったことである。五十万人以上のボランティアが（多数の国際監視団とともに）、九万の投票所のほとんどで投開票を監視し、大規模な不正投票を記録し、アキノが決定的に勝利したことを示唆する「クイックカウント」を並行して実施していた。(10)軍はデモに直面して分裂し、マルコスは軍の反乱分子と民間の抗議運動の双方を鎮圧するために武力行使の準備をした。

独裁者の平和的な退場を実現するためには、第四の要因、すなわち、アメリカの関与を必要とした。レーガン政権は、マルコスを説得し、設立されたばかりの全米民主主義基金から資金提供を受けていた選挙監視団への抑圧を思いとどまらせた。(11)レーガンはまた、広く尊敬を集める共和党上院議員リチャード・ルーガーを団長とするアメリカ代表団を選挙監視のために派遣した。選挙不正の危機が訪れると、ルーガーは地元のカトリック教会と同様に、第三者による開票を支持した。

大規模な不正行為の証拠が出てきても、レーガンはアメリカにとって不動の同盟者であるマルコスを見捨てることに消極的だった。しかし、いわゆるピープルパワー革命が押し寄せると、レーガンは方針を転換した。マルコスが武力を行使すれば軍事援助を打ち切ると脅すとともに、アキノを大統領として認めることに同意したのである。(12)二月二五日、マルコス一家は、金や宝石、衣類、一五〇〇万ドル相当の現金を詰め込んだ十二個のバッグとともに、アメリカ空軍機でハワイに亡命した。(13)

南欧で始まり、ラテンアメリカに波及した民主化の波は、いまやアジアにも打ち寄せていた。一九八六年十月、アメリカ議会からの圧力と、次第に表面化する国内での反対運動の下で、台湾の権威主義的な支配者である蔣経国は戒厳令を解除し、野党の組織化を認めた。三十年間の経済発展によって変貌を遂げていた台湾は、その後十年間で、時代遅れの権威主義的な構造を解体した。一九九六年、李登輝は台湾で初めて民主的に選出された総統となった。

一九八七年四月には、韓国の番がやってきた。台湾と同様一九五〇年代には貧しい農村国だった韓国は、都市化が進み、高学歴の中流社会へと変貌を遂げていた。韓国の人々はますます、繁栄だけではなく自由を求めるようになっていた。しかし韓国の軍事独裁者、全斗煥《チョン・ドファン》はそれを拒否したため、急成長した中産階級が大規模な街頭抗議行動に出た。全斗煥は武力で混乱を収めようとしたが、レーガン政権は武力を行使しないよう警告した(14)。内外の圧力が高まるなか、全斗煥の後継者として指名された盧泰愚《ノ・テウ》は、大統領直接選挙の実施と政治犯の釈放に合意した。半年後、盧泰愚は分裂した野党に自由選挙で勝利し、この選挙は台湾と同様に、その後三十年以上にわたって深化を見せる民主主義の幕開けとなった。

アジアでは、その後もいくつかの移行がすぐに続いた。一九八八年、タイの国会は、一九七六年の軍事クーデター以来初めて、選挙で選ばれた議員を首相に選出した。

パキスタンでは、イスラム主義への傾倒を強める軍事独裁者ジア゠ウル゠ハク将軍が一九八八年に飛行機事故で死亡した後、民主的な変化が生じた。その三カ月後、処刑された元首相の娘でカリスマ的存在であったベナジール・ブットが民主的選挙で勝利し、首相に就任したのである。

旧東パキスタンのバングラデシュでは、軍の強権的指導者による支配に対し、野党が対抗姿勢を強めていた。この国は一九九一年に文民による政府を選出した。同年、ネパールでは大規模な人民運動《ピープルズ・ムーブメント》が絶対王政に異議を唱えた。残虐な政府の弾圧にもかかわらず、抗議運動は国王に政党の合法化を強い、さらには権力を放棄させるに至った。

しかし、すべての自由化運動が成功したわけではない。一九八九年四月、中国の学生と知識人の小規模なグループが、改革派の前共産党総書記・胡耀邦の死を追悼するために集まった。これはすぐに、報道の自由や多元主義的社会、法の支配を求める幅広い訴えへと拡大していった。五月には、北京の大学生たちがハンガーストライキを開始し、天安門広場の抗議行動の参加者は数十万人にまで膨れ上がった。抗議行動は北京から中国国内の百以上の都市に広がった。学生、労働者、その他の社会的グループが参加すると、その数は数百万人にまで拡大していった。

六月四日、共産党は天安門広場で残虐な軍事攻撃を開始した。当時、中国政府は約二百人の民間人の死亡を認めていたが、最近のイギリスの報告書によると、その数は一万人以上にも上るという(15)。そして彼らの命とともに、一世代以上もの間、中国における民主的な変化への希望も失われたのである。

民主主義のビッグバン

一九八九年までに、世界の民主主義国の割合は四十%にまで増加していた。これは完全な変革とまではいかないものの、印象的なものであった。しかしこのとき、さらに爆発的な民主主義への変化が生じようとしていた。

ラテンアメリカに残っていたほとんどの権威主義的な抵抗者が、退場へと向かっていたのである。一九八八年、断片化したチリの各政党は――カトリック教会と、強力な民主派であるアメリカ大使ハリー・バーンズの支援を受けて――団結し、軍政の指導者アウグスト・ピノチェト将軍がさらに八年間権力の座にとどまることを国民投票で否決に追い込んだ。レーガン政権からの圧力と全米民主主義基金からの資金提供が、バランスを崩すのに役立った。翌年、広範な民主派連合がピノチェトの支持する候補者を破り、ラテンアメリカで最も象徴的となった、軍事支配から民主主義への移行の一つを成し遂げた。

一九八九年、パラグアイでは三五年間続いた独裁政権が崩壊し、麻薬に手を染めたパナマの独裁者マヌエル・ノリエガは、不正で暴力的な選挙と在住アメリカ人への迫害拡大を契機としたアメリカ軍侵攻により失脚した。ニカラグアの極左勢力サンディニスタの独裁者ダニエル・オルテガは、アメリカの経済的・外交的圧力によって国際的な選挙監視の受け入れに同意し、直後の選挙で敗北した。

しかしながら、最も歴史的な変化はヨーロッパで発生していた。ミハイル・ゴルバチョフによるソビエト連邦の自由化改革によって、モスクワが一九五六年のハンガリーや一九六八年のチェコスロバキアで行ったように、東欧諸国の抗議運動を武力で鎮圧するという見通しは薄れた。反共産主義のデモは、チェコの劇作家ヴァーツラフ・ハヴェルのような反体制派の活発な道徳的指導者や、ポーランドの労働組合運動「連帯」の頑固な抵抗、そして他の作家やジャーナリスト、学生、活動家らの反抗に触発されて、ソビエト帝国全体で増殖した。

一九八九年十月十八日、東ドイツの年老いた強硬派の支配者、エーリヒ・ホーネッカーは、大規模なデモのさなかで失脚した。何万人もの市民が東ドイツの境界を越えて西側に逃げた。ベルリンの壁は「あと百年は続く」と誓ったホーネッカーは、ベルリンの壁が崩壊していくのを無力に見守ることになり、東ドイツ国家の崩壊がすぐその後に続いた。翌年、ドイツは民主主義国家として再統一された。

一九八九年を通じて、民主化がこの地域を席巻した。この変化はルーマニアを除けばおおむね平和的であった。ルーマニアでは、一週間前に発生したばかりの革命運動によって、嫌悪された独裁者ニコラエ・チャウシェスクとその妻エレナが、性急な裁判を経て処刑された。

一九九一年までに、ポーランドは六十年以上ぶりに民主的な指導者を選出し、ハンガリーとチェコスロバキアは民主化の移行段階に入り、ブルガリアは完全な民主主義に向けて動き出し、そしてユーゴスラビアはその構成共和国に解体しつつあった（ただし、急速な複数政党制選挙の実施は必ずしも良いこととは限らなかった。選挙によって、セルビアとクロアチアの過激なナショナリストが権力を掌握し、彼らがバルカン半島を戦争に引きずり込み、「民族浄化」という恐ろしい言葉を世界に伝えることになったからである）。

そして一九九一年、最も大きな変化が起こった。ソビエト連邦が崩壊したのである。ゴルバチョフは、ロナルド・レーガンが長い間はっきりと見てとってきたこと、すなわち共産主義体制の取り返しのつかない矛盾を理解できていなかった。ゴルバチョフの改革は、あまりにも小規模で、遅きに失しており、ソビエト帝国の解体への道を開いただけであった。

歴史上最大の皮肉の一つは、神なきソビエト国家がクリスマスの日に死んだことである。ソビエト後のロシアは民主主義の樹立に悪戦苦闘した。近隣のバルト三国は、ヨーロッパへの早期統合を望んで、はるかに順調に民主化を進めた。しかしウズベキスタン、中央アジアやコーカサス地方の他の共和国では、旧共産党のボスや秘密警察の指導者たちが、共産主義者の看板を外して長年の独裁制を再構築しただけであった。

ソ連の崩壊は世界的な衝撃の波をもたらした。アフリカでは、一九九〇年二月に起きた二つの出来事によって「第二の解放」が始まった。破綻国家と化していたベナンでは、市民社会勢力の連合が半マルクス主義的軍事独裁者から平和裏に政権を奪取し、今日まで存続する民主主義への移行を開始した。長年国際的制裁に苦しんでいた一方で、共産主義者の脅威を心配する必要がほとんどなくなった南アフリカでは、アパルトヘイト国家の白人至上主義の支配者たちが、ネルソン・マンデラを二七年に及ぶ勾留から釈放し、彼が率いるアフリカ民族会議を合法化して、民主化に向けた交渉に入った。このことが一九九四年に別の奇跡をもたらした。アパルトヘイトが平和的に終わり、南アフリカで初めて全人種が参加する真の民主的選挙が行われたのである。南アフリカの黒人たちは、長い行列に何時間もならんで初めての投票に参加し、その結果、ほがらかで、驚くほど寛大なマンデラを、大統領の座に就けることとなった。

人口100万人以上の国における民主主義国の割合（1974-2017年）

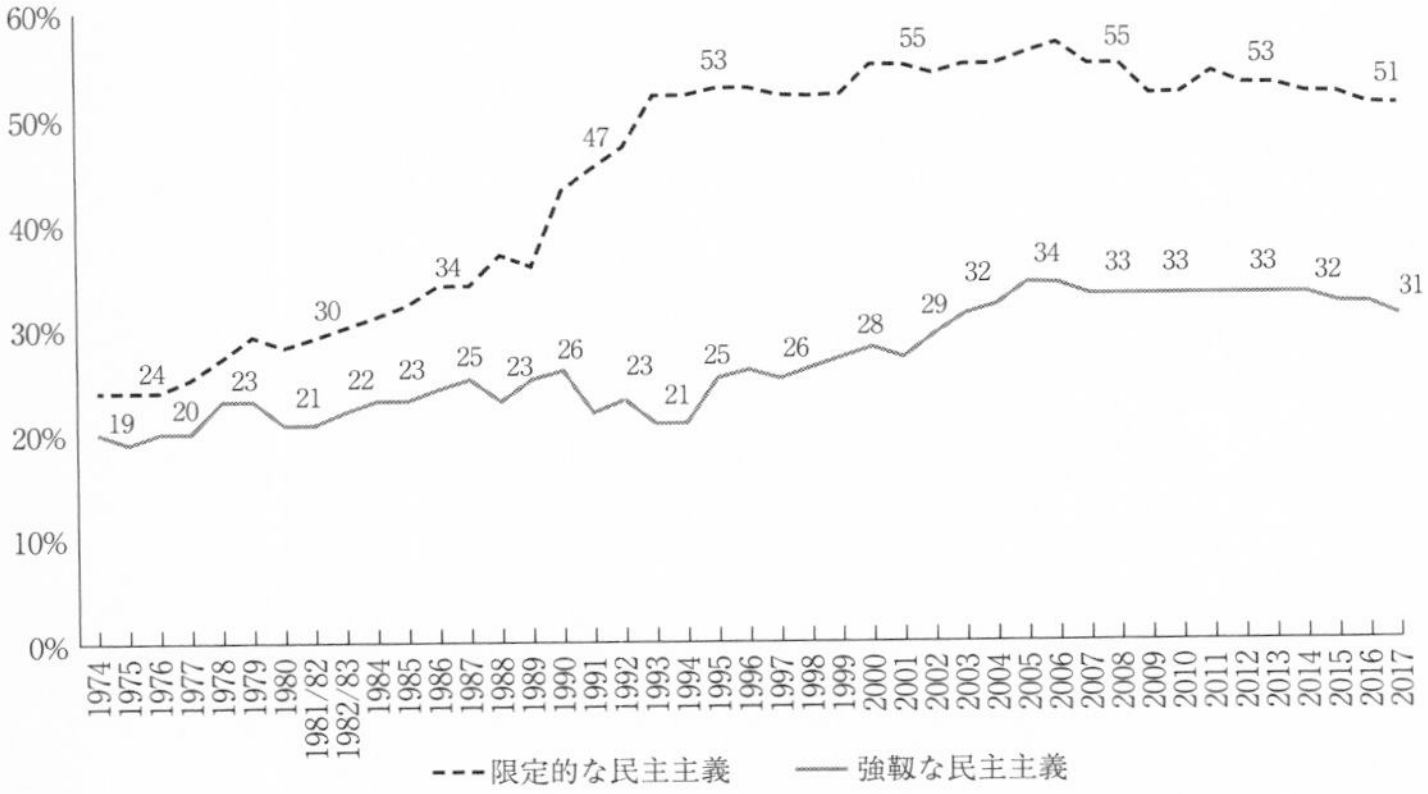

出典：Freedom House, "Freedom in the World 2018," および筆者自身の評価。

アフリカ各地で野党が合法化され、個人や報道の自由が拡大され、新しい憲法が採択され、複数政党制の選挙が行われた。中央アジアと同様に、権威主義的な支配者が単に見せかけの民主主義者として装いを改めたに過ぎない場合も多かった。しかし、ザンビアやマラウイでは、独裁者は選挙で敗北した。一九九七年までに、アフリカのほとんどの国では複数政党制の選挙が行われた。そのうち十数カ国が民主主義であった——これはアフリカ大陸では記録的なことであった。

歴史上初めて、地球上のほとんどの国が民主主義国（少なくとも自由で公正な選挙で指導者を選ぶという限定的な形で）となり、全国家の三分の一は相当程度リベラルな、すなわち私が言うところの「強靱な」民主主義国となった（上の図参照）[16]。そして初めて、民主主義は真に世界的な現象となり、中東を除くすべての地域で、自由な選挙で選ばれた政府が決定的に多くを占めるようになったのである。

二一世紀初頭には、さらに三つの「人民の力」革命が展開された。まず二〇〇〇年十月にセルビアで、続いて二〇〇三年十一月にジョージアで、そして二〇〇四年秋にウクライナで、大規模な大衆動員が専制支配者を選挙で破った。それにもかかわらず支配者が勝利を宣言したとき、これらの運動は数十万人もの市民を動員し、参加者は身の危険を冒しながらも、平和的に抗議した。ジョージアでは、デモ隊がバラを持って行進し、平和的に議会を掌握した。ウクライナでは、キエフの中央広場で参加者がオレンジ色の物を身につけてデモ行進した。

後にカラー革命として知られるようになるこれらの革命は、それぞれ、わずかなメディアの独立性を利用して、旧体制の不正投票を暴露し、抗議活動を喧伝した。そして、それぞれの革命が勝利を収めたのは、部分的には、市民の非暴力的な抵抗の拡大に直面して、治安部隊が分裂したためでもあった(17)。

第三の揺り戻しの波?

一九八〇年代から九〇年代にかけての民主主義の急進が、少なくとも減速することはほとんど不可避であった。二〇〇〇年までには、経済的、社会的、地理的に民主主義に有利な条件を備えた国々のほとんどが民主主義を採用していた。そして、貧困や民族対立、全体主義体制の遺産といった好ましくない条件のもとで民主化した国々の少なくとも一部は、後戻りする可能性が高いように見えた。しかし、世界唯一の超大国であるアメリカがヨーロッパとともに民主化を促進していることや、民主主義が冷戦後の世界で唯一の正統な統治形態として上位に位置していることを考えると、第三の揺り戻しの波が不可避であると考える理由はないように思われた。二〇〇一年九月十一日のアメリカ同時多発テロ事件以降の五年間でさえ、世界には七つの新たな民主主義国が誕生した。

しかし、二〇〇六年以降、三十年間に及んだ進歩は止まってしまった。民主主義国の割合はその年にピークを迎え、全世界の六二％（人口百万人以上の国の五八％）に達した。それ以来、民主主義は侵食され、二〇一七年には人口百万人以上の国のわずか五一％にまで落ち込んだ。

その間に、「アラブの春」が到来し、過ぎ去っていった。二〇一一年、アラブの人々が独裁者に挑戦するために立ち上がったとき、第三の波から取り残された最後の大きな地域に、ついに民主的な変化が訪れたかのように見えた。二〇一二年二月までに、民衆の抗議行動はチュニジア、エジプト、リビア、イエメンで専制支配者を倒し、シリアとバーレーンで挑戦し、モロッコ、アルジェリア、ヨルダン、イラク、クウェート、オマーンで改革を叫んだ。しかし、これらの幕開けのほとんどは、内部の分裂、外部からの妨害、そしてエジプトの軍部のような既成の権力中枢の頑固さによって、すぐに閉ざされてしまった。二〇一九年時点で、チュニジアの民主化の試みだけが生き残っている。シリアとイエメンは内戦に巻き込まれ、リビアは崩壊し、ほとんどのアラブ諸国の体制は、「アラブの春」前夜と同程度に――あるいはそれ以上に――権威主義的である。

アラブにおける専制支配者の巻き返しは、世界的かつ着実な人権不振の一環であった。独立グループ「フリーダムハウス」は二〇一七年、自由が低下している国の数が、向上している国の数を十二年連続で大幅に上回っていることを明らかにした。最も気がかりなのは、ポーランド、ハンガリー、そしてアメリカをも含むいくつかの西洋諸国で、自由の大幅な低下が見られるようになったことである。

世界は民主主義の不況に陥っている。しばらくの間、私の同僚の多くは同意せず、全体像は以下のような状況であると主張していた。すなわち、大多数の国家は民主主義国であり、世界のほとんどの人々は民主主義国家に住んでおり、（中東を除いて）すべての地域で民主主義国が決定的に多数を占めているというのである。[18] しかし、数字は下降し続け、自由民主主義のライバルが勢いを増すにつれ、民主主義が世界的に健全な状態を保っているとの主張はますます旗色が悪くなってきている。

数字は、より深刻な腐敗を覆い隠している。次章以降において、この憂慮すべき悪化の鍵となるいくつかの要素を詳述する。それらは、欧米における非リベラルで反移民的なポピュリスト運動の台頭や、アメリカにおける民主主義の質の着実な低下、そして世界中の民主主義とリベラルな価値観を積極的に蝕むロシアと中国のグローバルな影響力の急拡大である。アメリカのリーダーシップなしでは、民主主義の不況は、権威主義の険しい新時代へと急降下していく可能性がある。

以前の揺り戻しの波では、軍事クーデターが民主主義を不況に陥れる主な手法であった。今日ではそうではない。民主主義の死は、今では一般的に、徐々に推し進められる。選挙で選ばれた指導者たちが、各国で相次いで、民主主義の深部組織を徐々に攻撃してきた。裁判所や経済界、メディア、市民社会、大学、そして公務員や情報機関、軍、警察などの繊細な国家機関の、政治的独立性に対する攻撃である。

破壊の主体がロシアのウラジーミル・プーチンのような右翼のナショナリストであろうと、ベネズエラのウゴ・チャベスのような左翼の「ボリバル」社会主義者であろうと、その効果は同じであった。民主主義の構造と規範は、空洞の殻になるまで徐々に一つずつ取り除かれていった。選挙は行われ続け、野党が議席を獲得することもあったが、支配者とその政党の権力は、時間の経過とともに強固なものとなっていった。

民主主義がゆっくりと窒息していくとき、正確な窒息死の瞬間を特定するのは難しい。かつては活気に満ちていたベネズエラの民主主義に死の瞬間が訪れたのは、チャベス大統領を解任する国民投票が多岐にわたる制度的不正によって否決された二〇〇四年以前である。[19] その時点までに、チャベスはすでに自分の権力を拡大するために憲法を書き換え、自分の権力を抑制できるあらゆる機関を容赦なく排除しようとしていた。チャベスの後継者である残忍で無能なニコラス・マドゥロのもとで、ベネズエラはますます破綻国家と化している。

民主主義がより希薄で歴史の浅かったロシアでは、ウラジーミル・プーチンの手によって、民主主義はより迅速に抹殺された。[20] 衰弱したボリス・エリツィンから大統領職を継承した後、政治的に脆弱な元KGB工作員のプーチンは、ロシアの虚弱で黎明期にある民主主義構造を破壊した。実質的な政党を形成せず、彼はクレムリンにKGBや軍出身の忠実な職員を配置した。一九九〇年代に国家資産を手に入れて億万長者となったロシアのオリガルヒ（訳注—国有企業の民営化によって現れた新興財閥）たちを容赦なく抑圧した。ロシアの最も裕福な人々は、新たな皇帝に服従するか、さもなければ自身のメディア帝国、事業による財産、そして生活さえも剝奪された。徐々に、ロシアで最も勇敢なジャーナリスト、評論家、野党指導者の多くが暗殺されていった。

トルコでは、レジェップ・タイイップ・エルドアンが、プーチンの権力掌握を、強い関心を持って見守っていた。穏健なイスラム主義政党を率いるエルドアンが二〇〇三年に首相に就任した後、リベラル派や世俗派のトルコ人たちは、ムスタファ・ケマル・アタテュルクによって断固たる世俗的な共和国として樹立されたこの国に、イスラム化が忍び寄るのではないかと危惧した。しかし、就任して間もない頃、エルドアンと彼の公正発展党（トルコ語の頭文字をとってＡＫＰと呼ばれている）が欧州連合（ＥＵ）への統合を追求している間は、トルコの民主主義はより強化されていった。二〇〇五年にＥＵがトルコの加盟に向けた正式な交渉を開始すると、表現の自由拡大や、少数民族クルド人の言語や文化の使用範囲拡大など、自由化が進んだ。

しかし、ＥＵ加盟の可能性が薄れていくにつれ、エルドアンの強権的政治家としての本能は抑制されなくなっていった。プーチンやチャベスのような権威主義的な手口を踏襲して、エルドアンと彼の政党は、司法と公務員への統制を固め、ジャーナリストを逮捕し、マスコミや学界の反体制派を威圧し、野党に資金を提供する可能性のある企業を脅迫し、メディアやインターネットへの統制を強化していったのである。十一年間首相を務めた後、エルドアンは二〇一四年に、トルコを議会制民主主義から大統領制に転換するという明確な目標を掲げて大統領に当選した。

エルドアンが独裁者になりつつあるとの懸念が高まる中で、二〇一六年七月、中堅の軍人たちが迂闘で手際の悪いクーデター未遂を企てた。エルドアンは、自身の支持者を結集して反乱を鎮圧した。フリーダムハウスによれば、この事件を口実として、「大規模な魔女狩りが行われ、その結果として約六万人が逮捕され、一六〇以上の報道機関が閉鎖され」、選挙で選ばれた百人近くの市長が解任されるなどの行動が開始された。[21]トルコは現在、分断を抱える国となっており、独裁的な支配によって、かつてはエルドアンの穏健な同盟者であった人々の一部までもが排斥されている。

世界的な傾向は芳しくない。自由、寛容、法の支配は、最も先進的な自由民主主義国においてすら挑戦を受けている。アジアやアフリカ、ラテンアメリカ、中東の貧しい国々では、民主主義の後退が続いている。世界全体の政治体制の割合は、良くない方向へと向かっている。

フィリピンでは、冷酷なポピュリストの大統領ロドリゴ・ドゥテルテが、最高裁長官の解任を画策し、批判の急先鋒に立っていた上院議員を投獄し、人権活動家を迫害し、マスメディアを「でため」や「ゴミ」と罵倒し、超法規的に一万二〇〇〇人以上の命を奪ったとされる「麻薬戦争」を展開してきた。[22]ボリビアとペルーでは専制的な指導者や政党から、インドネシアでは宗教的過激派から、ブラジルやメキシコ、南アフリカでは汚職や犯罪から、民主主義は深刻な圧迫を受けている。同国史上最も大規模な汚職スキャンダルと、一日に一七五人の命が奪われていると言われる都市部の凶悪犯罪の波に悩まされるブラジルでは、二〇一八年十月に行われた決選投票で、権威主義への共感を公然と示す右翼のポピュリスト、ジャイール・ボルソナロが大統領に選出された。[23]アラブの春以来存続する唯一の民主主義的実験であるチュニジアは、汚職や貧弱な経済パフォーマンス、地域的な不安定、そして古い権威主義勢力の復活という圧力のもとで衰弱している。アジアでは、かつては前途有望だったビルマでの民主主義の幕開けが、軍の優位へと逆戻りしてしまい、その一方で、無能な文民指導者は、同国の少数民族であるイスラム教徒ロヒンギャに対する大規模な民族浄化という、現在進行中の人道に対する罪を抑制できないでいる。

問題は、単に民主主義が衰退しているということだけではない。専制が着実に、より抑圧的で攻撃的になっているのである。冷戦が終結したとき、カンボジアのフン・センやウガンダのヨウェリ・ムセベニのような権威主義の指導者は——選挙の不正操作や、批判者の逮捕をしつつも——野党や大統領選挙での対立候補、やっかいなマスコミ、警戒心の強い市民社会などを容認せざるをえないと感じていた。しかし世界情勢の変化によって、こうした制約は吹き飛んでしまった。習近平の中国とウラジーミル・プーチンのロシアの新たな威勢の良さに触発され、そしてドナルド・トランプのアメリカが見せる新たな沈黙に励まされて、今日の専制支配者たちは、公然と、そして何の弁明もなしに敵対者を虐げている。

二〇一七年十月、在任三二年目のムセベニは、大統領任期の制限を撤廃しようとする彼の意向に反対した野党議員を痛めつけるために、国会の議場に兵士を送り込んだ。何人かの議員が入院し、何人かは自宅に手榴弾を投げ込まれた。その月、ウガンダを代表する人権活動家のニコラス・オピヨは私への手紙に、次のように書き記した。「この地域全体が急速な民主的不況に陥っているのは、西側の同盟国が大きく沈黙しているせいでもある。かつては、政府はこのような残忍で暴力的な行為にはいくらか消極的であり、多少の羞恥心を有していた。それらはすべて消え去ってしまった」。

第4章
権威主義の誘惑

われわれはあまりにも長い間、自由民主主義を当たり前のものだと思い込み過ぎてきたのではないかという気がしてきた。

——スウェーデンの新聞シズベンスカン紙のコラムニスト、ペル・オルソン(1)

二〇一〇年四月、ハンガリーでは、今も若々しいが、以前よりほんの少し太ったヴィクトル・オルバーン元首相が政権に返り咲いた。十二年前にわずか三十五歳で初めて首相に就任したとき、オルバーンは、公務員を追放して政治権力を自らに集中させ、権威主義的な傾向を示していたが、ハンガリーの民主主義を改造するには与党の議席数が不足していた。八年間の野党時代と二度の選挙での苦い惜敗を経て、オルバーンは二度と政権を失わないという決意を抱いた。

オルバーンによる恒久的な支配の追求は、経済危機と政敵の政治的失策に支えられていた。二〇〇六年、オルバーンの主要な政敵である社会党のフェレンツ・ジュルチャーニ首相は、自党の国会議員団に対して非公式に、「われわれは（有権者に対して）朝も昼も晩も嘘をついていた」と語った。[(2)] この演説はすぐにリークされた。政権与党がこのように露骨に欺瞞を認めたことが発覚したのは珍しかった。さらに、社会党政権は遠慮なく財政出動をして借金を積み上げたため、ハンガリーは二〇〇八年に勃発した世界的な金融危機に耐える準備ができていなかった。

二〇一〇年、スキャンダル、虚偽、経済的苦境の風が吹き荒れるなか、ハンガリー社会党は得票を半数以上減らし、議会の議席の大部分を喪失した。大勝利を収めたのが「フィデス」という政党である。この党はオルバーンによって、「上昇志向で流動的な若い専門職のためのリベラル政党から、自分たちを移行期の敗者と見なす人々のための保守ナショナリスト政党へと変貌を遂げていた」。[(3)] フィデスはこの選挙で、共産主義体制後のハンガリーで初めて絶対多数を得票した政党となった。

この地滑り的勝利を拡大させたのが、ハンガリーの奇抜な制度である。ハンガリーの憲法草案者たちは、より安定した政権を求めて、大政党が得票率以上の議席を獲得できるようにしていた。そのため、フィデスは三分の二以上の議席を獲得した。その圧倒的多数の議席によって、フィデスはハンガリーの憲法を思うままに改正し、自由民主主義の制度的な柱を破壊することができるようになったのである。

オルバーンと彼の党は時間を無駄にしなかった。ある研究は、「フィデス政権は就任一年目に十二回も憲法を改正し、その間に五十以上の条項を変更した」、と指摘している。これにより、「フィデスの意見と票だけで、全く新しい憲法秩序をハンガリーに押し付け」ようとするオルバーンを抑止できなくなった。(4)

まずフィデスは、憲法を書き換えるのに議会のほぼすべての同意を必要とする要件を削除した。次に、憲法裁判所を閉鎖した。続いて、行政権力を制約する他の制度を破壊し、政治化するための措置を次々と取った。さらに選挙管理委員会の委員を解任し、党に忠実な人物に置き換えた。また、「バランスのとれた」報道をしていないとオルバーン政権が判断した報道機関に「高額の罰金を課す権限」を持つメディア評議会を新たに設立した。(5)

もはや何の制約も受けず、フィデスは議会を通じて全く新しい憲法を打ち立てた。この文書では、憲法裁判所の権限がさらに縮小され、司法機関の他の部分を政治化する新たな党指導下の組織が設立され、国家会計検査院や中央銀行、中央統計局などといった説明責任をつかさどる機関に対する党の統制が拡大された。

フィデスはそれ以来、二十世紀半ばのブラジル専制支配者ジェトゥリオ・ヴァルガスによる「友のためなら何でも、敵のためなら法を」という教訓に基づいて統治を行ってきた。反対派の人々はテレビカメラの前で逮捕された。国営のラジオ局やテレビ局は追放され、政府の代弁者にすげ替えられた。(6)批判的なメディアは広告収入の激減に直面した。内部告発者は徹底的に処分された。その一方で、フィデスは身内や同盟者を富ませ、友好的なビジネス・オリガルヒを新たに生み出した(7)。

わずか二年のうちに、オルバーンと彼の党は、政権の揺るぎない安定を確保するにとどまらず、将来選挙で野党が勝利した場合には同国のシステムによって打破されるように仕向けていた。二〇一四年の選挙でフィデスは得票率が四五％を下回ったにもかかわらず、大々的なゲリマンダー（訳注―特定の政党や候補者にとって不当に有利になるよう行われる、恣意的な選挙区割り）に助けられて、議会の三分の二の多数を維持した。

オルバーンはヨーロッパで最も影響力のある右翼ポピュリストとなり、彼が言うところの新しいタイプの「非リベラルな民主主義」を誇示し、移民やいわゆる外国の影響を敵視している。彼はハプスブルク帝国の崩壊に対する歴史的な恨みを利用し、第一次世界大戦後のハンガリーの悲惨で不寛容な権威主義体制へのシンパシーを促進してきた(8)。シリアやイラク、アフガニスタンなどからの集団的移民に対抗して「ヨーロッパのキリスト教を守る」と宣言したオルバーンは、難民を「毒」と呼び、彼らを締め出すために百マイル以上に及ぶ有刺鉄線のフェンスを設置した(9)。年々エスカレートするオルバーンからの圧力を受けて、旧共産圏ヨーロッパで最も重要な独立思考拠点の一つであるブダペストの中央ヨーロッパ大学は、二〇一八年十月、ついにウィーンへの移転を発表した。

彼が公然と賞賛するロシアのウラジーミル・プーチン大統領の先例にならって、オルバーンはハンガリーの団体が外国からの助成金受領の有無を開示するよう義務づける法律を可決した。ハンガリーの人権活動家ミクローシュ・ハラスティが言うように、プーチンと同様にオルバーンは、自身の腐敗と悪政に対する不満をそらすために、「怒りに満ちた外国人恐怖症を武器にしている」のである(10)。二〇一八年の議会選挙が近づくにつれて、首相は、ある市議会のグループに「われわれは自分たちの肌の色が……他の人種と混ざってしまうことを望んでいない」と語り、あからさまな人種差別に訴えるようになった。ハンガリーには非白人の移民はほとんどいないが、国連人権高等弁務官が指摘するように、オルバーンは「イスラム教徒やアフリカ人をハンガリー文化にとっての実存的な脅威として描き出すことに成功している(11)」。

　オルバーンは「非リベラルな民主主義」を樹立したのだと述べている。多元主義への不寛容、反対意見への弾圧、ヨーロッパの価値観への軽蔑、プーチンへの友好的態度に見られるように、オルバーンの政権はたしかに非リベラルである。しかし、オルバーンの体制はもはや民主的ですらない。二〇〇四年のEU加盟から十年を経て、ハンガリーはEUで初めて民主主義を離脱した国となった。

ポピュリストの脅威

　ポピュリズムは政治そのものと同じくらいに長い歴史を有するが、今日では、世界中の民主主義に対する主要な内在的かつ自己生成的な脅威となっている。今日、なぜこれほど多くの民主主義が危機に瀕しているのかを理解するためには、ポピュリズムを理解しなければならない。

　ポピュリズムという単語自体が、その重要な特徴を示唆している。すなわち、人気《ポピュラリティ》獲得への低俗で冷笑的な道筋である。これには、腐敗したエリート、強力な国際機関、外国の銀行や政府、難民、移民、価値のない外国人マイノリティなど、対決して打ち負かすべきさまざまな敵に対して、誠実で価値のある「人民」を動員することが含まれる(12)。

敵と目的は多様だが、ポピュリズムという形態はどれも、四つの中心的な特徴を共有している。第一に、ポピュリズム運動は反エリート主義的であり、「人民」を見下して搾取する権力者や特権者の傲慢と優越を非難する。第二に、彼らは反制度的であり、ポピュリストが人民の利益と価値に反すると見なす制度の根絶を誓う。第三に、彼らは国民投票を好み、代表制民主主義のフィルターを通じて働きかけるよりも、人民の多数派とポピュリストの指導者や運動との直接的かつ感情的な関係の中で人民の多数派を動員する。そして第四に、彼らは多数決至上主義的であり、選出された政府が急進的な改革を迅速に実施するための権力を制約しえるあらゆるチェック・アンド・バランスに反対する。

これら四つの特徴は民主主義に危機をもたらすが、それらは権威主義への滑落を必然的に意味するわけではない。民主主義の生涯の中で、ポピュリズムのいくつかの要素は、時として、独占を破壊したり、不正を減らしたり、政治参加を拡大したりといった有益な改革をもたらすことがある。それが、アメリカの進歩主義時代の教訓であった。

しかし、ポピュリズムの政治はつねに、悪魔と踊るようなものである。どんな形態であってもポピュリズムは、暴走列車になりがちである。政治的行動のブレーキを緩めれば、改革をより早く通過させることができるかもしれないが、チェック・アンド・バランスや、法の支配、さらには民主主義の基礎である政治権力への自由で公正な競争さえも破壊する危険性がある。一九三〇年代、フランクリン・ルーズヴェルト大統領はアメリカの最高裁判事を味方で固めようとした。そのとき彼は、民主主義的な衝動――すなわち、保守的な判事たちによる自分のニューディール政策への妨害を乗り越えようとする衝動――に駆られていたのである。もしルーズヴェルトがこのような裁判所の再構築に成功していたら、アメリカの民主的制度に対する深刻な長期的打撃となっていたであろう(13)。

ポピュリズムは、ベネズエラや、トルコ、ボリビア、ハンガリー、ポーランド、その他多くの国で、ますます険しい顔を見せている。ポピュリズムを権威主義的な脅威にしているのは、ポピュリズムが持つ別の三つの側面である。第一に、異なる政治的見解や利益は正統かつ必要であるという、民主主義の中核的原則としての多元主義に対する敵意である。第二に、反対派や民族的マイノリティの権利を制限し、言論、情報、結社、集会の自由を狭めようとする非リベラリズムである。そして第三に、外国人や移民を悪者扱いし、文化汚染や物理的脅威に対する恐怖を煽って「真の」人民を動員しようとする移民排斥主義《ネイティビズム》である。

ポピュリズムがあらゆる形態の差異を否定すればするほど、あらゆる形態の民主主義が脅かされることになる。制度的な制約が弱まれば弱まるほど、ポピュリズムが専制的になる危険性が高まる。そのため、権威主義的なポピュリストはつねに、可能な限り早くチェック・アンド・バランスを取り崩すことに着手する。

これまで見てきたように、近年では、民主主義の失敗は通常、突然の軍事クーデターという昔ながらの方法では起きていない。むしろ、忍び寄る権威主義によって引き起こされている。これはより巧妙だが、クーデターと同程度に致命的なプロセスであり、政治的多元主義と制度的な抑制を徐々に骨抜きにし、民主主義の不可逆的な最低条件——自由で公正な選挙によって指導者を交代させる可能性——を排除する。

忍び寄る権威主義は、決まった順序や明確な段階を伴わずに、絶え間なく進行する。しかし、それには一般的な台本があり、私はそれを「専制の十二段階プログラム」と呼んでいる。それは以下の通りである。

1 **反対派を正統でも愛国的でもない悪者と扱う。**信用できない、あるいは不誠実なエスタブリッシュメントの一部を、現実の人々の実態を全く理解しない者と位置付け始める。

2 **裁判所**（とくに憲法裁判所）**の独立を損なう。**これは、裁判官を追放して政治的な忠誠心を持った者と入れ替えたり、司法を再編して味方で固め、党派的な支配下に置いたりすることによって達成される。

3 **メディアの独立性を攻撃する。**そのために、メディアを党派的な嘘つきだと非難し、国民のメディアに対する反発を動員し、広告収入を途絶えさせ、課税し、規制する——しまいには、政治的に忠実な企業と党に結びついた取り巻き資本家によってメディアの所有権を乗っ取る。

4 **あらゆる公共の放送を掌握する。**それらを政治化し、与党のプロパガンダの道具にする。

5 **インターネットへのより厳格な統制を導入する。**これは、道徳や安全保障、テロ対策の名のもとに行われ、言論や組織の自由をさらに冷え込ませる。

6　**市民社会におけるその他の要素**（市民団体、大学、そしてとりわけ反汚職や人権保護分野の団体）**を抑圧する**。彼らを国民と祖国を裏切った傲慢、退廃的、利己的なエリートの一部として描く。大学教授たちに、自分たちの著作や教室で政府を批判することを恐れさせる。平和的な抗議行動の罪で学生団体を起訴する。ポピュリストの指導者と政党に忠実な、新しい偽の市民組織を作る。

7　**経済界を脅す**。そうして野党への支援をやめさせる。野党や候補者に資金を提供している企業に対して、税金や報復的な規制を行うと脅す——それでも支援を続ける企業は倒産させる。

8　支配者とその一派の家族や友人、同盟者など、**新たな取り巻きの資本家を豊かにする**。彼らに、国家契約や信用の流れ、ライセンス、およびその他の不正な利益を誘導する。

9　**公務員や治安機関への政治的統制を強く主張する**。民主的憲法に忠実なプロの公務員や軍人を「ディープ・ステート」の一員と呼び始める。彼らを追放し、衰弱した野党に対する武器として国家の諜報機関を利用する。

10　**選挙区割りでゲリマンダーを行い、選挙規則を改悪する**。そうして野党が次の選挙で勝つことをほぼ不可能にする。たとえ選挙で大部分の票を獲得できなくても、与党が政権を維持できるようにする。

11　**選挙を管理する機関を掌握する**。そうして選挙の戦場をさらに与党有利に傾け、事実上の権威主義的支配を制度化する。

12　さらに精力的に1から11までの段階を繰り返し、新しい政治秩序に反対したり批判したりすることへの市民の恐怖心を深め、あらゆる形態の抵抗を封じる。

このプログラムには見覚えがあるかもしれない。これは、多かれ少なかれ、ベネズエラのウゴ・チャベスや、トルコのレジェップ・タイイップ・エルドアン、ハンガリーのヴィクトル・オルバーンのようなポピュリスト指導者たちが、かつて彼らの前に立ち塞がっていた民主主義体制を解体した方法である（ロシアでは、ウラジーミル・プーチンが――彼は完全なポピュリストではないが――これらと同じ手法の多くを用いていたが、彼はより迅速かつ冷酷に動いた）。これは、ポーランドのヤロスワフ・カチンスキのような旧ソビエト帝国圏の専制支配者たちが研究し、見習おうとした台本でもある。そしてそれは、欧米の先進民主主義国にも不穏な響きを与えている。

東欧における非リベラルの波

近年、非リベラルなポピュリズムの潮流が中東欧を席巻し、西欧とアメリカの政治をゆがめている。そこでは自由民主主義の限界が試されている。旧ソ連の衛星国だった国々では、ポピュリスト政党は国家を完全に掌握するという野心的な目標を掲げている。このような乗っ取りの方法は正確にはさまざまであるが、与党の恒久的な権力保持を阻止しうる制度への攻撃、市民の権利を保護できる法廷への強襲、多様性や移民、グローバル化、欧州連合（ＥＵ）などに対する継続的な反感醸成などが含まれる(14)。

旧共産圏の民主主義国の中で、ポーランドほど、ハンガリーの権威主義への転向を迅速にコピーした――さらにはそれを凌駕した――国はない。ここでもまた、かつて議会で権力を喪失した保守政党は、その権力を二度と手放さないと決意した。ポーランドでは、ポピュリスト右派の敵意は、二〇一〇年の飛行機事故によるレフ・カチンスキ大統領の死によってより深まった。同党の信奉者たち――大統領の双子の兄で、党首として後継者となったヤロスワフ・カチンスキを含む――は、この事故を、ロシアの妨害工作によるものだと非難した。

二〇一五年十月に右派の「法と正義」（ポーランド語の頭文字をとってＰｉＳと呼ばれている）が政権に復帰した後、新政権はすぐに、同国の憲法裁判所を自派で固めることに着手した。前政権が任命した三人の判事による宣誓を拒否し、独自に選んだ五人の判事を追加したのである。その後ポーランドの新政権は、拘束力のある決定には判事の三分の二以上の賛成を必要にし、さらに任期途中で判事を解任する権限を議会に与えることで、憲法裁判所が立法を無効にできないようにした。憲法裁判所はこの立法を違憲と判断したが、ＰｉＳ政権はこの判決を認めなかった。二〇一五年十二月、オルバーンとカチンスキは共同で、「非リベラルな民主主義」という共通の目的の追求を宣言した。これはすなわち、法の支配よりも民意の理解を優先し、国家の主権をＥＵの独裁より優位に位置付けるというものである(15)。

ポーランドの自由民主主義からの離脱は急速に加速した。通常の議会での審議を迂回して、ＰｉＳはすべての公共放送機関を掌握する法律を可決した。ハンガリーと同様に、政府は「政府の政治的アジェンダへの熱意がないと疑われるジャーナリストやメディア関係者の追放」を主導した。[16]公共のテレビ局は、下劣で、政権寄りで、反イスラム教徒を叫ぶものになってしまった。

また、テロとの戦いという名目で、国内の監視を強化し、集会の自由を制限する軽率な法律も制定された。[17]数万人のポーランド人がこの法律への抗議行動に参加した。これらの抗議行動は、ＰｉＳが最高裁判所（同国で最上位の裁判所）のすべての裁判官を罷免し、司法を政治化する新たな法案を提出した二〇一七年七月に急増した。自国民とヨーロッパ諸国、それにアメリカからの圧力の高まりを受けて、政府は一時的に引き下がったが、二〇一八年七月には、ＰｉＳは七二人の最高裁判事のうち二七人の罷免を強行して、再び全国的な抗議を惹起し、[18]その後ＥＵの圧力によって再び戦術的撤退を行った。二〇一七年十一月には、ネオ・ファシスト組織がワルシャワの通りに何万人もの参加者を動員して、「白人のヨーロッパ」、「ジーク・ハイル！」、「クー・クラックス・クラン」などと書かれたプラカードを掲げて行進した。ＰｉＳ政権の内務大臣は、それを「美しい光景」だと公言した。[19]

旧ソビエト帝国の非リベラルな転落の主な要因の一つは、ヨーロッパの難民危機や、ＥＵの共通庇護政策、ＥＵの「ＥＵ加盟国間で難民を再分配するための強制割当」に対する、この地域の激しい反発であった。[20]ポーランド、ハンガリー、スロバキア、チェコの四カ国は、この人道的負担に憤慨し、受け入れを拒否した。[21]

かつてのヒトラーとスターリンの残忍な行為が原因で、これら四カ国は民族的に同質的であり、今日の西欧のような多様性を持たない[22]。これらの国々は、ヨーロッパで最も外国生まれの市民の割合が低い国であり（ドイツやイギリスでは約十三％を占めるのに対して、ポーランドではほぼゼロであり、スロバキアとハンガリーでは五％未満、チェコでは七％である）、移民排斥主義者による恐怖の扇動に対して最も脆弱な国でもあった[23]。オルバーンは、低下していく自身の人気を急上昇させるために、存在しない「イスラム教徒の侵略」を激しく非難した。

難民危機は、イスラム教や人種の多様性に直接触れる機会の少ないヨーロッパの多くの社会にとって、たしかに不安を抱かせるものではあった。しかし難民危機も、そして経済不況も、政治的変化の唯一の原動力ではなかった。ポーランドの有権者は不満を抱えていたが、ポーランドの経済は二〇〇〇年から二〇一四年の間に六十％以上成長しており、ＰｉＳが地滑り的勝利を収めた二〇一五年には三・五％の成長率を記録していた[24]。民主主義国家では、有権者は周期的に政治的変化をもたらそうとする。二〇一五年のポーランドでは、知的でリベラルでありながらも、やや退屈で孤立した与党連合による八年間の統治の後で、ポピュリストの反乱者が提示するメッセージはより新鮮に見え、彼らによるソーシャルメディアの運用は巧みで、社会福祉の公約はより寛大であった。

非リベラルなポピュリズムの急増は、深刻な経済的・社会的分断――都市部の、若く、教育水準が高く、流動的なコスモポリタンの市民から、高齢で、教育水準が低く、国や地域、文化的伝統により縛られやすい農村部の小さな町の住人に至るまでの分断――の中で根付いた。中東欧では、それらがそれぞれ、ポスト共産主義時代の「勝者」と「敗者」だと広く見なされていた[25]。そして、グローバル化の受益者と被害者の間にある同じタイプの社会的分断は、西欧でもポピュリストの波を煽り始めていた。

経済的安定の崩壊や社会的地位の低下に対する恐怖は、つねに過激派の伸長を促す肥やしとなってきた。セイモア・マーティン・リプセットは、一九六〇年の古典的著作『政治のなかの人間』において、衰退する中産階級のグループが、社会や経済の急激な変化や、巨大で人間味のない企業や制度、都市部の知識階級エリートなどへの反動——あるいは復讐——として、極右運動の重要な支持基盤となっていると警告していた[26]。権威主義者の訴えは、多様な人々や見解に触れる機会の少ない、農村部や孤立した地域の人々の間で、つねにより大きな共鳴を得る傾向にある[27]。

関連する文化的要因も働いた。旧共産圏のヨーロッパ諸国の多くでは、リベラルな価値観が西欧のように深く定着することはなく、市民社会は概して弱体で、政治的主張を持たなかった。このため、東欧の社会は、ポーランドの分析家スワヴォミル・シェラコフスキが記したように、「言論の自由や司法の独立といった抽象的なリベラル制度への攻撃に対して、より脆弱だった[28]」。そして世俗主義やフェミニズム、ＬＧＢＴの権利といったリベラルな価値観への攻撃にも、同様に脆弱だったのである。

文化的・経済的ナショナリズムが融合して、左派と右派が曖昧になり始めた。左派の機会主義者たちは、新しい外国人嫌悪のムードを受け入れた。一方、右派の機会主義者たちは、オルバーンが切り開いた道を辿って、市場原理を捨て、福祉プログラムと外国人に対する激しい嫌疑を選んだ。かつてヨーロッパで見られたような市場重視の右派と福祉重視の左派というイデオロギー上の分断に代わって、親ヨーロッパのリベラルと非リベラルなナショナリストが対抗するという、新たな分断が台頭している。

二〇一七年までに、ポピュリスト政党は中東欧の七カ国（ハンガリー、ポーランド、スロバキア、チェコ、ブルガリア、ボスニア、セルビア）で政権を獲得してきた。また、ポピュリスト政党はさらに二カ国で連立政権の構成与党となり、別の三カ国では野党第一党となってきた。二〇〇〇年から二〇一七年の間に、この地域のポピュリスト勢力の平均得票率は三二％と、三倍以上に上昇し、ポピュリスト政党の数は二八へと倍増した(29)。

ウイルスは蔓延していた。二〇一六年、支持が低迷しスキャンダルに悩まされた社会民主主義者のスロバキア首相、ロベルト・フィツォは、再選のための選挙運動で、反移民・反イスラム教徒感情を利用しようとした。フィツォは、「私はクオータ制（訳注―議会の議席割当制）のもとでもイスラム教徒の移民を一人たりとも認めない」と誓った(30)。彼は再選されたものの、分裂した連立与党を何とか舵取りしたというだけであり、彼自身の政党は議席の四十％を失った。ネオナチの政党が十％近い議席を得てスロバキアの議会に初めて参入し、右翼と左翼のポピュリスト政党の総得票数は過半数へと膨れ上がった。

チェコでは、中道左派のミロシュ・ゼマン大統領が、モスクワとの強い結びつきを育みながら、反移民熱を受け入れた。しかし、それだけにとどまらなかった。二〇一七年十月の議会選挙では、ポピュリスト政党が政治的エスタブリッシュメントを衰退させた。ポピュリストで反移民の億万長者であるアンドレイ・バビシュ――彼は汚職を糾弾していたが、後に自らも汚職の疑いで捜査対象となっている――が首相になった上に、左翼のポピュリストである海賊党と、極右で過激派、反イスラム教徒の「自由と直接民主主義」がそれぞれ十%を得票したのである。ハンガリーの非リベラルな与党もまた、極右の「ヨッビク」というかつての反ユダヤ主義政党からの挑戦に直面している。この党は今では「急進的な愛国的キリスト教徒」を自称し、二〇一八年には総投票数の五分の一を得票し、議会内で第三党となっている。

ポピュリストの急伸は、ヨーロッパ諸国が歴史をすぐに忘れてしまうということを意識させるものでもある。クロアチアでは、右翼ナショナリストの反動の主体となったのは、第二次世界大戦中にナチスの傀儡国家を公然と称賛した文化大臣であった(31)。

この地域の権威主義への漂流は、古くからの教訓を裏付けるものである。すなわち、制度的抑制は、それを下支えする規範と同程度の強さしか持たないのである。裁判所は、民主主義の侵食に加担することを望まない政党や、市民団体、メディア、大学、および宗教的アクターからの外部支援を必要としている(32)。

決定的な要因として、EUの比較的弱い反応が、ヨーロッパの新たな非リベラルなポピュリストたちの活動を容易にしている。EU加盟の見通しは、一九九〇年代にはリベラルな制度や規範を確立させるための強力な誘因であった。EUでの良好な地位を維持することは――それによる完全な投票権と莫大な補助金とともに――昨今のような権威主義的な傾向を抑制するのに十分だった。ＥＵはハンガリーに対する制裁をあまりにも長い間ためらってきたが、それは部分的には、オルバーンのフィデスが欧州議会における中道右派政党の院内会派に含まれており、もし彼を追い出せば、リベラル派の競争相手の追い風となることが危惧されたためである。[33] さらに、オルバーンは、彼に代わる主要な選択肢が、はるかに過激なヨッビクであることを懸念するヨーロッパのリベラル派の恐怖心を巧みに利用した。しかしオルバーンの民主主義や市民の権利、法の支配に対する冒瀆が、右派や中道右派の多くの人々にとってさえあまりにも酷くなり、欧州議会は二〇一八年九月、ついにハンガリーに対するＥＵの制裁を、必要な三分の二を上回る票で可決した。[34]

ＰｉＳは欧州議会の主要会派の外にあるため、ＥＵはポーランドのポピュリストに対してはより自由に対処することができる。このためＥＵは、ポーランドの司法やメディアの独立性に対する攻撃を非難するのに、より迅速に動くことができた。しかしヨーロッパの対応はこれまでのところ、攻撃がエスカレートしているにもかかわらず、レトリックや調査を超える動きには至っていない。[35] ＥＵの最も強力な武器――投票権の停止――を行使するには、他の全加盟国の同意が必要であり、ハンガリーとポーランドで規範を破る政権は、この破滅からお互いを守ることを誓い合っている。[36] このようにして、非リベラリズムはさらなる非リベラリズムを生むのである。

波は西へ打ち寄せる

西欧のいたるところ、地球上で最も確立された民主主義国家のいくつかで、ますます多くの人々が危険な呼びかけに耳を傾けるようになってきている。ブルガリアの政治学者イワン・クラステフの言葉を借りれば、彼らは「移民をテロ攻撃の危険性の高まり、社会のイスラム化、福祉国家の過重な負担と関連付けるようになった」のである。その結果、「外国人たちが自分たちの国を乗っ取り、自分たちの生活様式を危険にさらしているのではないかという恐怖」と不安が増大している。(37)

ＥＵ域内の移民は、ただ不安を悪化させるばかりであり、このことは二〇一六年六月二三日の、イギリスがＥＵを離脱するという衝撃的な投票結果の一因となった。このいわゆるブレグジットの投票までの十年間で、中東欧からの移民は急増していた。二〇一六年までに、イギリスは他のＥＵ諸国から約三五〇万人の移民を受け入れ、そのうち三分の二が職を得ていた。(38)

イギリスで移民が増えれば増えるほど、多様性とナショナル・アイデンティティをめぐる国の分断は深まっていった。ここでも、社会経済の変化に取り残されたと感じている、社会的に保守的で教育水準が低い労働者階級の白人有権者が、高学歴でコスモポリタンの若い都市部の有権者と対立していた。(39)イギリスの大都市以外の高齢者、白人、労働者階級の有権者が、伝統的にブルーカラーの政党であった労働党から疎外され、保守党からも無視されていると感じるようになると、彼らは政治から離れるか、極右のイギリス国民党や、反ＥＵ・反移民のイギリス独立党（ＵＫＩＰ）に向かっていくようになった。二〇一五年までに、ＵＫＩＰは有効票数の八分の一を得票して、イギリスで三番目に大きな政党となった。翌年、「取り残された」選挙区は、繁栄はしているが人種的多様性に乏しい保守的な郊外とともに、ブレグジットを支持する膨大な票を生み出し、国民投票で五二％という僅差で賛成多数を獲得した。

ブレグジットはヨーロッパ統合からの離脱であって、自由民主主義からの離脱ではない。しかし、ブレグジットの支持基盤は、ヨーロッパ各地の反移民ポピュリスト政党の――そしてアメリカの移民排斥主義者ドナルド・トランプの――支持基盤と顕著に似通っていた。新興のポピュリスト政党は、西欧の議会選挙では東欧に比べて明らかに劣る結果ではあったが、それでも二〇一七年には平均得票率は十三％まで上昇していた。

二〇一七年、ドイツでは、ほぼ同じ割合の得票によって、反移民政党「ドイツのための選択肢（ＡｆＤ）」が――この党は党内に「民族的、さらには人種差別的なナショナリズムにまで発展するような」[40] 大規模な極右の派閥を抱える――初めて議会に参入した。ヨーロッパのどの国よりも民主主義崩壊の危険性を熟知していたはずのこの国は、いっきに非リベラルなポピュリスト運動を第三党として擁することになったのである。

フランスもまた、新たなポピュリズムに揺さぶられた。二〇一七年の議会総選挙では、反移民の「国民戦線」が、人種差別や外国人恐怖症、反ユダヤ主義の卑しい来歴を拭い去り、政治的主流派に入ることを期待していた。国民戦線の大統領候補マリーヌ・ルペンは、若くてカリスマ的な中道派のエマニュエル・マクロンに完敗した。彼は既存政党の外から台頭し、その勝利は驚異的な政治現象であった。しかし、ニューヨーク・タイムズ紙が報じたように、「有権者の約三四%が投票に行かなかったか、白票や無効票を投じており、このことは、多くの人が（マクロンに投票）する気になれなかったことを示唆している」[41]。さらに悪いことに、ルペンは、自党の過去最高成績の倍にあたる、総投票数の三分の一を得票し、マクロンが失速した場合の選択肢として彼女の極右運動を位置づけることに成功した。二〇一八年九月までに、マクロンがフランスの経済・社会問題への対処に苦慮していたために、世論調査では国民戦線がマクロンの中道派政党と互角の支持を得ていることが示された。

ポピュリスト政党は西欧の他の地域でも躍進している。右翼ポピュリストの自由党は、二〇一七年の選挙でオーストリア政府を率いるのに失敗したが、総投票数の四分の一以上を獲得し、影響力のある連立政権パートナーとなった。二〇一五年には、経済危機のどん底にあるギリシャで、左翼ポピュリストの急進左派連合が三六%の得票率で政権を獲得した。類似のイデオロギーを有する政党であるスペインの「ポデモス」は、同様に緊縮財政と不平等に反対する急進的姿勢を貫いて、二〇一六年のスペイン総選挙では四分の一の議席を獲得した。

ヨーロッパの歴史で最もリベラルな民主主義国においてさえ、移民割合の上昇とともに、ポピュリストの支持率は上昇している[42]——スウェーデンでは十七%、オランダとノルウェーでは約十二%、デンマークでは九%となっている。極右で反移民のスウェーデン民主党は、二〇一四年には十三%の票を獲得して議会の勢力をほぼ倍増させ、二〇一八年九月にはさらに伸長して十七・六%を得票し、第二党に迫る勢いである。二〇一五年には、類似したイデオロギーのデンマーク人民党が、得票率を二倍近くの二一%に伸ばし、寛容さを誇ってきたデンマークで第二党となった。オランダでは二〇一七年に、極右の自由党が、モスクの閉鎖やコーランの禁止、「女性のスカーフ着用の禁止」など、「オランダの『イスラム化』を覆す」ことを公約に掲げ、十三%を得票した[43]。

イタリアほど、西欧でポピュリスト政党が劇的な勝利を収めた国はない。二〇一八年には、二つのポピュリスト政党が、穏健でエスタブリッシュメントの中道左派連合を追い抜いて政権を獲得した。すなわち、極右で反移民の「同盟」（イタリアをユーロ圏から離脱させることを公約した）が十七%を得票し、強硬な欧州懐疑派で反グローバル主義の「五つ星運動」が三三%を得票したのである。五つ星運動は、経済・環境・社会問題の一部では進歩的な傾向を有しているが、移民やグローバル化、EU、イタリアの政治体制に対するポピュリスト的な反感を同盟と共有している。選挙後に両党の連立が続くか否かにかかわらず、両党はイタリアの政治を不安な新しい方向へと変えてしまった。

ヨーロッパでの極右の台頭は、中道右派に引力を及ぼし、昔ながらの保守政党を移民やその他の問題で右傾化させ、若い過激派の指導者を台頭させている。オーストリアやギリシャからフランスやイギリスに至るまで、伝統的な右派政党が反移民のポピュリズムに傾倒している。

さらに、ヨーロッパ各国の議会におけるポピュリスト政党の台頭により、イデオロギー的にまとまりのある連立政権の形成が困難になっている[44]。ドイツの与党、キリスト教民主同盟は、期待外れの結果に終わった二〇一七年の選挙後、政権を形成するために主要なライバルである社会民主党に再び頼らざるを得なくなり、このため極右のポピュリストであるＡｆＤが最大野党となった。ヨーロッパの既成政党は、オーストリアやスイスのように新興のポピュリストを政権に引き入れるか、それとも彼らに対抗して連立与党として結束するかという、苦渋の選択を迫られている(45)。後者を選択した場合、もしもエスタブリッシュメント全体を罰しようと有権者が決意するならば、ポピュリストが第一の選択肢となってしまうリスクがある。

これらはすべて、新興のポピュリスト政党を「正常化」するのに役立っている。彼らが政治の舞台により深く進出するにつれて、これらの運動はより専門的に組織化され、彼らの中核となる非リベラルな信念を放棄することなく、表面的に受け入れられるようになってきている。

東欧と同様に、西欧でも右翼のポピュリスト政党は、移民によって文化的な遺産やナショナル・アイデンティティが消されるのではないかという恐怖を生み出し、煽り、動員している。スウェーデン民主党やドイツのＡｆＤなどのように、そうした政党の中には、かつてのファシストやナチス、白人至上主義の運動に少なくとも何らかのルーツを持っているものもある。フランスの国民戦線やオーストリア自由党のように、ネオナチや反ユダヤ主義の歴史を脱却したと主張する政党もある。これらの政党は、初期の来歴を捨てて、移民やグローバル化への嫌悪感と、大衆が喜ぶ（マイノリティや新参者のためではなく）旧来の国民のための社会福祉プログラムの推進を混ぜ合わせ、より主流な移民排斥主義とリバタリアニズムの融合へと進化している。それらの党の多くは、党の公式の顔よりもさらに過激な派閥を隠し持っている。

今日のヨーロッパのポピュリスト政党は、ごく少数かつ曖昧な例外を除けば、あからさまに反民主主義的ではない。しかし、彼らの扇動的な「真の」人民へのアピールと、多元主義やマイノリティの権利、外国からの影響、そして代表制民主主義の熟議的要素に対する敵意は、まぎれもなく非リベラルである――そして潜在的には権威主義的である。

アメリカの歴史が示しているように、移民排斥主義の政党や運動は、リベラルな価値へのコミットメントとは相容れない(46)。文化的排除に根ざしたあらゆる政治的プロジェクトは、危険な奈落の底への道を辿る傾向がある。そして、右翼の社会的保守派が繰り返し権威主義者との親和性を示してきたのは偶然ではない(47)。実際、二〇一六年のアメリカでは、彼らはまさにそのような候補者、ドナルド・トランプに群がっていたのである。

アメリカにおける権威主義的ポピュリズムの台頭

トランプは二〇一六年十一月八日――奇しくもベルリンの壁崩壊から二七年の記念日であった――に大統領に選出され、ヨーロッパの新興のポピュリストたちは勝利を祝した。ある報告によると、「オルバーンは歓喜し、ＥＵやポリティカル・コレクトネスの制約から『解放された気がする』と述べた」という(48)。

ブレグジットの投票のずっと以前から、トランプは、アメリカの民主主義におけるリベラルな制度や価値観に対してポピュリスト的攻撃を仕掛ける際に依拠すべき有権者層を特定していた。彼はアメリカのオルバーンであり、ヨーロッパでの右翼ポピュリストの躍進を後押ししたのと同じ支持層をターゲットとした。それは、移民やグローバル化、薬物、そして多文化主義や同性愛者の権利、フェミニズム、「ポリティカル・コレクトネス」に関連した新しい文化的規範などに脅威を感じている大都市以外の高齢で、白人の労働者・中産階級の有権者である。トランプのかつてのホワイトハウスの参謀であったスティーヴ・バノンが、ヨーロッパの非リベラルなポピュリストを信奉したのも不思議ではない。彼は二〇一八年三月に、フランスの国民戦線の党大会に参加し、喝采する聴衆を前に、「歴史はわれわれの側にある」と述べた(49)。

オルバーンやカチンスキの最も扇動的な言動と同様に、アメリカのリアリティ番組の元スターは、メキシコ人やイスラム教徒の移民による脅威を深刻なものとして巧みに描き出した。二〇一五年六月十六日の立候補表明演説において、トランプはメキシコ系移民について、「彼らは麻薬を持ってきている。彼らは犯罪をもたらしている。彼らは強姦魔だ。そして、一部のみが、おそらく善良な人々である」などと言い放った。

しかし、民衆の扇動はそれよりも数年前、二〇一一年の春に始まっていた。このとき、トランプは大統領選への出馬を初めて検討し、バラク・オバマが正当なアメリカ生まれの大統領ではないと主張する、人種差別的な「バーサー（birther）」運動に参加したのである。ハワイで生まれたオバマが二〇一一年四月に長文の出生証明書をうんざりしながら発表した後でさえ、トランプは大統領の出生地に関する意図的なデマをツイートし続け、オバマの「本物の」出生証明書は彼がイスラム教徒であることを示しているのではないかと示唆した[50]。

トランプのイスラム教やその信者に対する攻撃も、テロ対策のための厳しい発言を口実とすることもあったが、同様に露骨な――そして大いに非リベラルな――ものであった。彼は、アメリカのモスクを監視し、場合によっては一部のモスクを閉鎖し、アメリカに住むイスラム教徒を追跡するためのデータベース設立を検討するよう求めた。二〇一五年十二月にカリフォルニア州サンバーナーディーノで十四人が殺害されたテロ攻撃の後、トランプは「わが国の議員たちが今起こっていることを理解できるようになるまで、イスラム教徒のアメリカ入国を完全に停止すること」を要求した[51]。彼は、「無数の」アラブ系アメリカ人がニュージャージーで九月十一日のツインタワー崩壊に歓声を上げるのを目撃したという、虚偽の主張を繰り返した。CNNでは、「イスラム教はわれわれを憎悪している」と断言した[52]。

トランプの選挙運動全体に共通するものは、不満と恐怖の操作であった。とくに非白人の移民、テロリスト、イスラム教徒、マイノリティ、犯罪者などに関する不満や恐怖を煽った。貿易取引でアメリカを騙し、アメリカから雇用を奪い、アメリカ市民を攻撃している敵対的な世界に対する不満を煽った。そして腐敗したアメリカの政治的エスタブリッシュメントによる嘘や裏切り、弱さなどに対する不満を煽った。彼は共和党の指名受諾演説において、「解雇された工場労働者」や、不公平な貿易協定によって「破壊されたコミュニティ」、アメリカの「忘れ去られた人々」に対し、以下のように約束した。「私はあなたの声だ（I AM YOUR VOICE）」と[53]。「アメリカを再び偉大な国に」という彼のスローガンは、人種とジェンダーに関して、一九六〇年代以前の古い社会秩序の回復を標榜するものであった。

一九六八年のジョージ・ウォレス以来、これほど露骨に人種的偏見や恐怖、犯罪や社会変化への不安、そしてウォレスの言う「すべてを管理しようとしている官僚やインテリのバカども」に対する憤りを、真の価値ある人民のために利用した主要な大統領候補はいなかった。(54) 人種差別主義者のウォレスは――エリートやヒッピー、「福祉詐欺師」、最高裁を軽蔑しながら――南部の白人だけでなく、アメリカの工業地帯の白人労働者階級の有権者にも訴えかけた。トランプの孤立主義に先立って、ウォレスは外国への援助を「ネズミの穴に注ぎ込まれた」金と見なし、ヨーロッパやアジアの同盟国に防衛費をもっと払わせることを公約していた。(55) トランプと同様に、ウォレスはジョン・バーチ協会や白人至上主義者を含む極右勢力に支持され、それを拒まなかった。しかし、ウォレスは一九六八年に第三政党から対立候補として出馬したものの、勝利の可能性はゼロであった――とはいえ、彼は一般投票で十三％以上を得票し、五州で勝利して四五票の選挙人票を獲得した。一方で、公民権運動から数十年後の二〇一六年に、トランプは大政党からの指名を勝ち取り、大統領に就任した。

権威主義的なポピュリズムをアメリカの大統領政治の主要な舞台へと呼び込んだのは、単にトランプのプログラムのみならず、彼の民主主義的規範に対する侮蔑であった。一九六八年のウォレスの時と同様に、トランプの選挙集会では、暴力的風潮が渦巻いており、彼はそれを奨励していた。アイオワ州での投票前の最後の集会で、トランプは「もし誰かがトマトを投げつけようとしているのを見たら、そいつを叩きのめせ……訴訟費用は私が払おう」と述べた[56]。翌月には、実際にある支援者が自分の集会で抗議者に殴りかかり、それに対してトランプは訴訟費用の負担を検討すると約束した[57]。トランプはまた、「ポリティカル・コレクトネス」以前の「古き良き時代」、つまりデモ参加者の「顔面を」殴り、「担架で運び出される」のを見ることができた時代を称賛した。さらにトランプは、民主的に指名された彼のライバルであるヒラリー・クリントンが勝利した場合、彼女がリベラルで銃規制賛成の裁判官を任命するのを阻止する唯一の方法は、「憲法修正第二条の人々」にのみあると述べた——これは明らかに銃による暴力や暗殺に言及する表現であった[58]。

ウォレスの権威主義的な冷笑をも上回る形で、トランプは選挙の公正さに対するヒステリーを煽り、クリントンが選挙を不正に操作しており、死者が出るだろう、そして不法移民が何百万人も群がって自分に対抗する不正な投票をするだろうと予告した。彼は選挙結果を「私が勝った場合」か「明白であった場合」にのみ受け入れると誓った[59]。

これらの言動のすべては、単なる醜い機会主義ではなかった。トランプの扇動は、民主的な政治家とその支持者をアメリカの憲法システムに縛り付け、選挙闘争が暴力に発展しないようにする、神聖だが不文律となっている行動基準に反していた。その規範は、憲法や、民主的プロセス、法の支配の尊重を伴うものであり、候補者が競争する権利やジャーナリストが監視する権利、懐疑派が批判する権利を擁護するものである。しかし今や、歴史家のダグラス・ブリンクリーが警鐘を鳴らしていたように、一八六〇年以来初めて、大政党の大統領候補者が民主的プロセスの正統性に疑問を呈していた

――そして、共和党支持者のうち、実に四分の三が彼の中傷に説得されていたのである(60)。

選挙運動を通じて、トランプはクリントンを侮辱し、彼女を刑務所に入れると脅し、集会では「彼女を牢屋にぶち込め！」という熱狂的なバナナ共和国（訳注―一次産品輸出に依存する政情不安定な途上国を指す用語）風のシュプレヒコールをけしかけていた。彼は自らの選挙運動を取材するリポーターたちを「つまらない奴ら」と侮蔑した。そしてこの共和党候補者は、自らにとって不都合な事実の報道を「フェイクニュース」として否定し、批判的なジャーナリストや報道機関にツイッターで暴言を吐き、大統領として「名誉毀損罪の対象を拡大」して、公人に対する「攻撃的記事」を書いた新聞社を訴えることができるようにすると公約していた(62)。

候補者として、トランプは民主主義のルールや、政敵の正統性、言論と報道の自由、そして暴力に対抗する「政治的に正しい」規範に疑問を呈した――これらはアメリカの大統領がいまだかつて疑問を呈したことがないものであった(63)。トランプは、規範破壊的で、移民排斥主義で、非リベラルで、反民主的なポピュリストとして出馬した。彼はまた、そのようなポピュリストとして統治を行おうとした。そして、世界で最も強力な民主主義国が権威主義的な誘惑に屈し始めたとき、世界中の独裁者やデマゴーグたちは、自らが自由への攻撃をエスカレートするさきがけ、あるいは手本を、そこに見出したのである。

第5章

アメリカ民主主義の衰退

喝采が続くなか、彼は落ち着きなく前後に動き……、ぎこちなく敬礼し、強烈な視線を投げかけてニヤリと笑い、喜び、歓喜し、自分の力を感じ、自分の演技に欠かせない野次馬たちを喜びとともに見定める。そして最初の言葉で、ニューヨーク・タイムズ紙を非難する。彼が知識人や野次馬を叩くと、群衆はうなる……群衆の血走った叫びには、脅迫的なものがある。毒のあるラッパのような声を持ち、低所得者層が直面する偏見を直感的にわかっている彼は、現代で最も有能なデマゴーグである。

——リチャード・ストラウト、マディソン・スクエア・ガーデンで行われたジョージ・ウォレスの選挙集会にて（一九六八年）(1)

ドナルド・トランプが二〇一六年に勝利した後、公平さと希望を失ったと衝撃を受けた多くのアメリカ人は、トランプがどのような大統領になるのだろうかと、就任式を緊張の中で待った。トランプはそれまで所詮、不動産取引業者でしかなく、リアリティ番組のスターでしかなかった。彼は選挙運動で脅迫的なポピュリズムを用いていたが、このやり方は、「取引の芸術」を心得ていると誇り、ニューヨークシティでの初期の生活ではイデオロギー的でも党派的でもなかった実業家の、実利主義から来ているものかもしれなかった。

トランプの方針転換を期待していた人々は、アメリカ史上最も僅差となり、最も分極化した選挙戦の後、一九六八年十一月六日に行われたリチャード・ニクソンの勝利演説を思い出したかもしれない。それまでニクソンは、対立候補のヒューバート・ハンフリーと民主党を、共産主義に甘く、犯罪に弱く、ベトナム戦争に揺らいでいると酷評していた。ニクソンは「南部戦略」を採用し、「州の権利」や法と秩序をテーマにして、人種隔離を終わらせようとする連邦政府に憤慨する白人を惹きつけようとしていた。さらに南ベトナムに対して、自身のもとでより良い取引が行われるのを待つよう密かに働きかけ、和平交渉を妨害しようとさえした。(2)

しかし、勝利の夜にニクソンが掲げたスローガンは、選挙集会に来た市民が掲げた言葉であった。「われらを一つに（Bring Us Together）」である。そしてその後、大統領としてニクソンは環境保護庁を設立し、がん撲滅運動を展開し、ソ連と軍備管理交渉を行い、中国との関係構築を図るなど、現実的で超党派的なイニシアティブを押し進めた。反共産主義のデマゴーグであったニクソンに訪中ができたのだから、トランプも同様に方向転換を図ることができるかもしれない、と人々は期待した。

トランプは、ニクソン同様パラノイアと執念深さを持っていた。しかしながら、ウォーターゲート事件で自滅する前にニクソンが多くを成し遂げられたのは、実利主義や統治への理解も持ち合わせていたからである。これに対しトランプは、こうした要素を欠いていた。トランプは、分断助長的、防衛的、二枚舌的な本能に基づく行動を超えられないということを、自ら証明していた。ヒラリー・クリントンへの何百万もの（存在しない）不正投票がなければ、自分が一般投票でも勝利していたと偽りの主張をし、国旗を焼却して抗議する者は国外追放か投獄されるべきだとツイートし、批判的なメディアを「フェイクニュース」と非難し、政敵に関する不条理な陰謀論を広め、大統領職と自身のビジネスとの多大な利益相反を解消せず、二〇一六年の選挙運動に対するロシアの干渉を否定し、半世紀ぶりに納税申告書の公開を拒否した大統領となった。そして、これらのすべてが就任以前の出来事であった。

トランプの大統領就任は、民主主義の規範や制度に対して、以下のような、より直接的で冷酷な攻撃をもたらした。

・イスラム教徒のアメリカ入国を禁止するという自身の選挙公約を達成する試みに反対する判決を下した裁判官と裁判所に対する攻撃。(3)

・アリゾナ州の悪名高い保安官、ジョー・アルパイオへの恩赦。アルパイオは、「不法移民の拘留とラテンアメリカ系運転手の人種差別的なプロファイリングをやめるよう命じる裁判所命令を故意に無視した」として、有罪判決を受けていた(4)。
・あまりにも日常的でひどい嘘。二〇一八年のある時点で、ワシントン・ポスト紙のファクトチェッカーは、大統領が一日当たり六・五回以上虚偽の主張をしていたと推定している(5)。
・メディアを「人々の敵」と悪者扱い。NBC、CNN、ワシントン・ポスト紙のような独立系メディアに対して規制圧力を掛けると脅迫した。
・二〇一六年の大統領選挙に対するロシアの組織的なデジタル攻撃と、二〇一八年の中間選挙に対する同国の悪意ある再介入に関する圧倒的な証拠があるにもかかわらず、アメリカの安全確保を拒否。
・アメリカ情報当局者への圧力。既知の証拠を無視して、二〇一六年における自陣営の選挙運動がロシアと共謀していなかったと宣言するよう求めた。
・FBI長官と副長官に対する、自身への忠誠表明の要求。
・FBI長官ジェームズ・コミーの解任。明白な倫理違反がないにもかかわらずFBI長官が解任された、初めての事例となった(6)。
・選挙戦序盤に自身にとって最重要支援者の一人であったジェフ・セッションズ司法長官に対する脅迫。ロシア捜査への不関与をやめ、一部の共和党議員による犯罪的な不正行為の可能性については目をつぶるようにと脅した。その後二〇一八年選挙の翌日にセッションズを解任。
・セッションズの後任として、上院で承認されていない人物を司法長官代理に違憲任命。(7)
・二〇一七年七月にエアフォースワンから虚偽声明の発出。ドナルド・トランプ・ジュニアが選挙期間中、ヒラリー・クリントンの情報を提供するロシア人弁護士と面会した目的を誤魔化すためのものであった。
・ロシアの介入に関するロバート・ミュラー特別検察官の調査を貶め、妨害し、保守系メディアに働きかけてミュラー解雇の下地を形成。
・独立した監視機関である政府倫理局を攻撃し、トランプの利益相反に関する調査をやめるよう圧力を行使。
・ホワイトハウスが長年行ってきた訪問者記録の公開を中止。(8)
・選挙公平性委員会の設立。同委員会は、ロシアによる選挙ハッキングではなく、共和党がダメージを受けたと主張する根拠のない大規模不正投票の調査を意図したものであった。
・バージニア州シャーロッツビルで二〇一七年八月に暴力的で人種差別的なデモを行った白人至上主義者やネオナチへの明確な非難の拒否。
・二〇一六年の選挙で敗北した民主党の対立候補を投獄すると声高に叫ぶ集会を、大統領として開催。
・アメリカの「最大の敵」はロシアでもイスラム国でも北朝鮮ではなく、自国のニュースメディアだとツイッターに書き込んだ(9)。

・憲法で保障される手続きを無視し、主張の正当性を評価する「裁判官や訴訟なしに」不法移民を出身地に「ただちに」送り返すべきとツイート(10)。

・敵対する人物に対する執拗な裏切り者の烙印。政権の上級補佐官が匿名で執筆した批判的なエッセイを二〇一八年九月に掲載したニューヨーク・タイムズ紙は「事実上」「反逆罪」を犯したと発言したり、二〇一八年の一般教書演説の一節に拍手をしなかった一部の議会民主党議員を「非アメリカ的」「反逆的」と呼んだりした(11)。

これは、リストのほんの一部に過ぎない。大統領就任式での観衆の規模に関する故意の誇張、女性差別的な発言、自身が所有するホテルやゴルフ施設に関する恥ずかしげもない宣伝、娘や娘婿にホワイトハウスの上級職を与える縁故主義、批判者に対するつまらない執念深さ(たとえば、元CIA長官ジョン・ブレナンの機密情報へのアクセス権限剥奪)、セキュリティ対策やセキュリティ・クリアランス管理の甘さ、犯罪統計などのデータに関する虚偽表現、テレビで閣僚からトランプに対する称賛の言葉を次々と引き出すことなどは、このリストに含まれていない。また、ロシア調査への執拗な怒り、衝動を制御する能力の欠如、溢れんばかりの復讐心、軍人や諜報機関職員の専門的な仕事に対する侮蔑、国家安全保障に関するブリーフィングへの忍耐力の無さと不注意、「政府の機能に関する理解、学習能力、意欲の欠如」など、彼の精神的・道徳的な不適格さを示す他の憂慮すべき側面についても触れていない(12)。

これらはすべて、大統領の職責、政府の倫理基準、民主主義文化を貶めるものであった。ただし、無作法で不規則な発言は、非民主的なものからは区別されなければならず、悪い政策は、権威主義的で違法な行動からは区別されなければならない。

大統領の不道徳さや下品さに耐えることはできる。悪い政策に挑戦し、それを覆すこともできる。しかし、トランプがアメリカにおける民主主義の制度と規範に与える脅威は、前例のないものである。かつてこれほどまでにアメリカの民主主義の支柱を揺るがしたのは、ウォーターゲート危機の只中におけるリチャード・ニクソンのみである。しかしニクソンは、その時すでに弾劾と罷免に向かっており、最終的には辞任に追い込まれた。対照的に、トランプは大統領就任当初から、アメリカの憲法システムに独特の脅威を与えてきた。マデレーン・オルブライトの言葉を借りれば、「アメリカの近代史上初めての反民主的な大統領」である(13)。

この本が出版に向かう現時点で、われわれの民主主義システムにおける抑制制度のいくつかは、おおむね維持されている。ワシントン・ポスト紙のメディア・アナリストであるマーガレット・サリヴァンが言うように、「大統領が報道機関に対して行ったものとして最も継続的な攻撃」(14)が行われているが、主要な主流メディアの独立性、調査に対するエネルギー、購読数は力強いままである(15)。トランプは、裁判官や捜査官を強要することはできていない。コミーの後任であるクリストファー・レイＦＢＩ長官は、傷ついたＦＢＩの独立性を守り、ロシアの不正行為に関する調査を続けている。ミュラーは捜査を継続しており、起訴や司法取引が次々と行われている。「選挙委員会」の真の目的はアフリカ系およびラテンアメリカ系アメリカ人の投票を抑制してきた有権者ＩＤ法を推進することではないかという超党派の懸念が広まり、各州が協力を拒否したため、トランプはこの馬鹿げた「選挙委員会」を解散せざるを得なくなった。(16) マイケル・フリン国家安全保障問題担当大統領補佐官、トム・プライス保健福祉長官、ライアン・ジンキ内務長官、スコット・プルーイット環境保護庁長官など、多数の政権幹部が汚職、不正行為、違法行為に巻き込まれ、辞任を余儀なくされている。アメリカの世論は、トランプの大統領としての行動に対して一貫して不支持を示している。それゆえ、堅調な経済成長とアメリカ近代史上最長の持続的な雇用成長期間の継続にもかかわらず、有権者は二〇一八年十一月に下院の多数派を民主党に戻し、トランプに激しく反発した。

しかし、トランプは現在もアメリカの民主主義に深刻なダメージを与えており、彼が大統領の座にとどまる限り、さらに悪い事態が起こる可能性がある。トランプはすでに、アメリカの情報機関、司法省、そして国内最高の法執行機関であるＦＢＩの独立性と士気を著しく損なっている。コミーＦＢＩ長官を解雇し、その後、偏見に満ちたマシュー・ウィテカー司法長官代理を採用するなど、これらの行動のいくつかには、ミュラーの捜査に対する司法妨害の意図が薄っすらと見え隠れしている。(17) 彼が最初に指名した最高裁判事は、他の四人の保守派判事とともに、トランプが選挙戦で公約した外国人イスラム教徒のアメリカ入国禁止という、不正で差別的な三度目の試みを支持した。(18) 二〇一一年にウサーマ・ビン・ラーディンを殺害したアメリカ海軍特殊部隊（ネイビーシール）の襲撃を指揮した元海軍大将ウィリアム・マクレイヴンが、「私の生涯でわれわれの民主主義に対する最大の脅威」と非難するほど、トランプはメディアへの攻撃を執拗に続けている[19]。トランプはまた、政治的反対勢力の正統性や、イスラム教徒、ラテンアメリカ系住民、トランスジェンダーの人々がアメリカ市民として認められるべきという意見に対しても、攻撃を続けてきた。そして、建国者たちが築いた政治的多元主義のビジョンを、つねに冷笑している。

現在の危機は、ウォーターゲート事件の時代よりもいくつかの点でさらに危険である。トランプ大統領就任後の二年間は、熱心にトランプを支援する共和党が議会両院を支配していたため、トランプは、行政の濫用を防ぐことを目的として憲法に定められた厳格な議会の監視からほとんど解放されていた。とくに、デヴィン・ヌネス委員長率いる下院情報特別委員会の共和党員は、ロシアの選挙介入に関する調査を弱体化させ、何としてでもトランプを擁護しようとする姿勢を貫いた[20]。第二に、アメリカ国内、とくに議会は、一九七〇年代に比べて政治的にもイデオロギー的にもはるかに分極化している。トランプの支持率は、就任後二年間のほとんどにおいて全体では四十%以下かその前後で推移してきたが、共和党支持層では八十%を超えている[21]。第三に、ツイッターなどのソーシャルメディアの台頭により、大統領は何百万人もの忠実な支持者と、絶えず、直接、感情的にコミュニケーションを取ることができ、それによってアメリカ社会を激しい対立に導き、急進的な信念や意見のネットワークへと分断している。これに、党派性の強いフォックスニュース・チャンネルからトランプが揺るぎない支持を得ていることを加味すると、ニューヨーク・タイムズ紙のコラムニストであるトーマス・フリードマンの言葉を借りれば、アメリカは「恥知らずの大統領」が「背骨のない政党と誠実さを欠いたネットワークに支えられている」ということになる(22)。

その結果、トランプの大統領就任から最初の二年間、議会共和党員の中で彼の民主的規範に対する断続的な侵害行為に公然と立ち向かおうとした者は(明らかな懐疑論者の間でさえも)ほとんどいなかった。そして、最も積極的に立ち向かったアリゾナ州のジェフ・フレーク上院議員は、二〇一七年十月二四日、上院議場で再選を目指さないことを表明して初めて、自由に意見を述べることができるようになった。

フレークは、仲間の共和党の政治家たちに「共犯」という非難の言葉を浴びせた。彼は、民主主義がなぜ崩壊するのかという最も重要な教訓の一つを理解していた。民主主義は、一人の専制的行動によって打ち負かされるものでは決してない。立法府、裁判所、市民社会の共謀と分裂があれば、専制的支配者は逃げ切ることができる。フレークは、「数々の個人攻撃、原則・自由・制度に対する脅し、そして真実と良識に対する露骨な軽視」というトランプの統治パターン全般を非難した。これは、上院の共和党員の誰もが勇気をもって行わなかったことであった。また、アメリカがリーダーシップを引っ込めるならば、世界における自由と繁栄が損なわれるとして、次のように警鐘を鳴らした。

われわれは、帰結を恐れるのをやめ、何が政治的に安全で許容範囲にあるかなどというルールを考えるのをやめて、政治の劣化や執政府の一部の人々の行動があたかも正常であるかのように振る舞うのを終わりにしなければならない。それらは普通ではない……。

そして、そのような行動が政府のトップによるものである場合、そのような話だけでは済まない。それは、民主主義にとって危険である。(23)

フレークは仲間の上院議員らに対して、「われわれの行動が重大な挑戦になってしまうからと、沈黙し行動を起こさないままでいる」ことがないように呼びかけた。しかし、フレークが再選争いから撤退までして自身の意見を述べるようになったのは、まさに、次のアリゾナ州共和党予備選挙で、怒れる親トランプ派の有権者の手によって敗北させられる可能性があったためである。フレークには相当な人気があったが、「伝統的な保守派」、つまり「自由貿易を信奉し、移民を支持する者は、共和党で指名を受ける道がますます狭くなっている」と感じていた。

主要政党の一つが深刻な病気にかかっていては、健全な民主主義は成り立たない。議会が憲法上の義務を怠っていては、アメリカの繁栄は望めない。トランプはたしかに、アメリカの民主主義の苦境を悪化させている。しかし、彼だけが原因ではない。アメリカの質は何十年も前から劣化しており、そのことが今日の危機をより深刻なものにしている。

大きな隔たり

ジェフ・フレークが六期目の下院議員だった二〇一二年、彼は予備選挙で五一万六〇〇〇票を獲得して共和党の上院議員候補に選ばれた。しかし、この数はアリゾナ州における全登録有権者数の六分の一に過ぎなかった。民主党予備選挙の投票率十二％を含めても予備選挙全体の投票率は二八％にとどまる。同年十一月の一般投票におけるアリゾナ州の有権者登録が七四％であったことを踏まえると、そこには大きな隔たりがあった。

党予備選挙で有権者のごく一部しか投票しない場合、イデオロギー的な動機付けが最も強い有権者（より保守的な共和党支持者や、よりリベラルな民主党支持者）が投票する傾向にある。アリゾナ州では、共和党の候補者選出に必要だったのは全登録有権者数の約八％でしかなく、これは有権者全体の中で最も怒りに満ちた、最も右翼的な、そして最もトランプ寄りの八％であることを意味している。フレークは、トランプに立ち向かい、その狂信的な八％の支持者の怒りに耐えられるとは思っていなかった。そして、彼はほぼ間違いなく正しかった。もしもフレークが極右をなだめようとしたならば、右傾化した人々は、一般投票で彼が勝利する可能性を致命的に弱めていたかもしれない。フレークが二〇一二年に勝利した際の差は、わずか三ポイントでしかなかった。

アメリカ政治では、予備選挙で忘れ去られる恐怖が議会での投票行動（そして議会の臆病さ）を決定するケースが増えている。とくに共和党議員は、このような懸念から妥協を避け、極端な立場に身を置くようになった。今日、共和党の政治家は、過激派有権者の分散した怒りのみならず、集中的で莫大な資金を投下する全米ライフル協会（ＮＲＡ）のような特別利益団体、経済成長クラブのような政治行動委員会（ＰＡＣ）、そして資金力のあるいわゆる独立歳出委員会、つまりスーパーＰＡＣのような団体からの反対をも恐れなければならない。

単一争点グループの中でも、NRAは最も強力な圧力団体の一つであり、二〇一六年の選挙運動では五千万ドル以上を費やしている。なぜ共和党議員の多くが本格的な銃の安全性に関わる法案に手を付けようとしないのかを理解したければ、考えてほしい。この五千万ドルのうちのわずかな割合でさえも、投票率の低い予備選挙ではダメージを与えることができるのである。そして、銃問題だけで投票することをいとわず、その方法についてNRAから定期的に厳格な指示を受けている五百万人の忠実な会費納入者を擁する、贅沢な資金を持つ組織の動員力についても想像してみてほしい。[24]

不透明な資金の流れがアメリカの民主主義を脅かしている。二〇一〇年のシチズンズ・ユナイテッドに関する最高裁判決（および関連する連邦裁判所判決）の結果、スーパーPACは、特定の候補者と協調しない限り、企業、組合、個人から無制限に資金を調達し、特定候補者に対する支援や反対のためにこれを支出することができるようになった。[25]二〇一六年の選挙では、二〇〇〇以上のスーパーPACが十億ドル以上の資金を調達し、支出している。[26]

また、NRAなどの501（c）（4）の社会福祉団体もある（訳注―内国歳入法第五〇一条C項の規定により課税を免除される非営利団体のうち、市民団体など）。法律上、これらの団体は候補者の当選や落選のために非課税の寄付金を使用することができ、「政治に使用する資金は全体の五十％未満とする」という条件を満たせば、個人や企業寄付者の身元すら公表する必要がない。[27]二〇一六年、選挙で「ダークマネー」を使用した上位五団体は、すべて保守的な共和党系組織であった。[28]二〇一八年には（二〇〇八年以降初めて）、リベラル派が選挙運動のダークマネー支出でわずかに優位に立ち、あらゆる種類の団体による外部支出総額はリベラル派団体と保守派団体でほぼ均等になった。[29]

しかし、党派的な均衡が維持されても、政治的透明性と説明責任の問題は根強く残っている。非営利団体キャンペーン・リーガル・センターが二〇一七年に指摘したように、シチズンズ・ユナイテッド判決以降、アメリカでは「候補者の側近をスタッフとして配置し、支持する選挙運動から恩恵を受け、かつてないほどの支出をするスーパーPACの急増」に直面している。[30]

分極化の進行と選挙資金の流れが相まって、最近の予備選挙では共和党の有力者が何人も犠牲になっている。なかでも最も衝撃的だったのは、上院外交委員会の委員長を務め、インディアナ州で六期を務めて尊敬を集めていた上院議員、リチャード・ルーガーが、二〇一二年五月の予備選挙で敗北したことである。ルーガーは、知名度の低い極右の候補者で、ルーガーの超党派的アプローチを露骨に批判していたリチャード・ムールドックに二〇ポイント差で敗れた。この造反候補は、NRA、全米ティーパーティーPAC、保守的なPACである経済成長クラブ、そしてフリーダムワークス（裕福で保守的なコーク兄弟の政治ネットワークから派生した団体）の支援を受けて、熱烈な草の根活動を展開した。クリスチャン・サイエンス・モニター紙は、ルーガーの本当の罪は、「民主党と妥協することをいとわない」ことであるとした。[31]

ルーガーは、二〇一〇年と二〇一二年の予備選挙でティーパーティーに敗れた著名な共和党上院議員候補の一人に過ぎない。彼らはいずれも中道よりは大分右寄りであったにもかかわらず、共和党の右派からはあまりにも穏健で、柔軟で、現実的であると見なされていた。ルーガーと、二〇一〇年に再任が叶わなかったユタ州の上院議員ロバート・ベネットはともに、重要法案について六十%をはるかに上回る割合で保守派として投票していたにもかかわらず、である。(32)

こうした動きは、しばしば共和党にとっても裏目に出た。二〇一二年の一般投票で大番狂わせを演じたムールドックは、妊娠中のレイプ被害者は神の意志として加害者の子供を産むべきであると発言し、当時民主党の下院議員だったジョー・ドネリーに敗れた。ネバダ州、コロラド州、デラウェア州でも、共和党が勝てる議席を極右ティーパーティー候補者が不意にした。そして最大の衝撃は、共和党支持者が圧倒的に多いアラバマ州で二〇一七年十二月に行われた連邦上院補欠選挙において、ティーパーティー系の共和党対抗馬であるロイ・ムーアに、民主党のダグ・ジョーンズが勝利したことである。ムーアは選挙前、十代の少女に対して性犯罪を犯したとの容疑が掛けられ、その信憑性が高くなっていた。

しかし、ティーパーティーの支持を得て、知名度の高い保守派の挑戦者が何人も勝利し、議会での共和党の形を変えていった。二〇一〇年にロバート・ベネットを破って上院議員になって以来、ユタ州のマイク・リーは、（フリーダムワークスの採点によれば）議会で保守的な投票を百%の割合で行ってきた。二〇一〇年と二〇一二年にティーパーティーで成功を収めた他の議員も、ほぼ同様にティーパーティー運動に忠実で、ケンタッキー州のランド・ポール上院議員は九八%、サウスカロライナ州のティム・スコットは八五%、テキサス州のテッド・クルーズは八八%、そしてフロリダ州のマルコ・ルビオは八十％の割合で保守な投票を任期全般にわたって行っている(33)。二〇一二年以降、著名な共和党の穏健派が減少しているが、これは主に、穏健派がほとんど残っていないためである。ほとんどは引退したか、敗北したか、もしくは先手を打って右傾化を強めたかのいずれかである。穏健派のボブ・コーカー上院議員（任期中の保守的投票スコア六九％）が二〇一八年に引退を表明した際には、より保守的で臆面もなくトランプを支持するマーシャ・ブラックバーン下院議員（スコア八六％）がテネシー州からの後任としてあっさり当選した。

トランプが見事に当選を果たしたことを除けば、二〇一四年における最も衝撃的なティーパーティーの逆転劇は、バージニア州のエリック・カンターが下院院内総務として初めて予備選挙で敗北したことである。将来の下院議長と目されていたカンターは、資金も力もあり、全国的な知名度も上がっていた。しかし、エスタブリッシュメント叩きを展開していた極右の対抗馬デイヴィッド・ブラットは、強固な保守派でありながら移民問題に柔軟な姿勢を見せていたカンターについて、不法移民に対する「恩赦」を支持していると非難した。ブラットは十ポイント以上の差をつけて勝利した（しかし、二〇一八年の「ブルーウェーブ（訳注―民主党の波）」選挙では、穏健派の民主党議員であるアビゲイル・スパンバーガーに敗れ、再選されなかった）。

こうしたティーパーティーの勝利によって、議会における長期的な分極化傾向が強まることとなった。十九世紀後半から二十世紀初頭にかけて、上院において、そして下院ではさらに、民主党と共和党の間には大きな政治的な溝が存在した。その後、一九二〇年代後半から一九七〇年代までの半世紀の間、イデオロギー的分極化は弱まった。北東部と西部の穏健な共和党員と、南部の保守的な民主党員によって、議会の各政党に十分な多様性がもたらされ、予算、税制、公民権、環境保護などの重要な問題について主要な取引を行うことができるような、変化に富んだ連合が可能になったためである。

しかし、一九八〇年代後半以降、議会の穏健派は徐々に姿を消し、地理的な偏りも大きくなっている。人種的マイノリティが多い下院選挙区を除けば、南部は事実上完全に、保守的な共和党員の支持基盤となっている。他方、沿岸部はより強固に左傾化しており、西海岸の上院六議席すべてと北東部のほとんどの議席は、リベラルな民主党員によって独占されている。二〇一八年の下院選挙では、ニユージャージー州までの北東部八州で、共和党はほぼ全敗を喫した。(34)

二〇一二年に出版された『見た目以上にひどい』の中でトーマス・マンとノーマン・オーンスタインが指摘しているように、第一一一議会（バラク・オバマ大統領在任中の最初の二年間）は、アメリカ近代史において初めて、上院の共和党議員と民主党議員がイデオロギー的に重複しない状態となった。(35)ナショナル・ジャーナル誌（当時は週刊誌で、現在はウェブサイト）が二〇一四年に述べたように、「三十年以上続いてきた上下両院の政党によるイデオロギーの区分けは事実上達成された」。(36)そして、同様の分極化傾向が今では州議会でも見られるようになっている。(37)実際、二〇一八年の選挙では一〇八年ぶりに、一つを除くすべての州において単一政党が州議会の両院を支配することになった。ある専門家は「これは分極化の反映だ」とし、「われわれは赤い州議会と青い州議会を持つようになった」と述べている（訳注―赤は共和党を、青は民主党を指す）。(38)

マンとオーンスタインは、議会の分極化は「非対称的」であり、主に共和党の右傾化によって引き起こされていると論じている。しかしトランプ時代になって、進歩主義的な予備選挙の投票者が民主党を左に押しやることで、この状況が変わりつつあるかもしれないという兆候もある。最も劇的だったのは、カンター敗北の鏡像かのように、将来の民主党下院議長と目されていたジョセフ・クロウリーが、二〇一八年のニューヨーク州の予備選挙で、カリスマ的な二八歳の民主社会主義者であるアレクサンドリア・オカシオ＝コルテスに敗北したことである。同じく民主社会主義者のラシダ・タリーブは、ミシガン州において僅差で下院の民主党候補者指名を勝ち取った。十一月に両候補者はあっさりと当選したが（タリーブは対立候補なし）、スパンバーガーのような民主党の穏健派も激戦地区で多数当選している。

アメリカの分極化は依然として右傾化を意味している。政治学者のキース・プールとハワード・ローゼンタールは、議会投票のイデオロギー的特徴を測定するため、一・〇を完全な保守、マイナス一・〇を完全なリベラルとする洗練されたスコアリングシステムを開発した。一九七〇年代半ば以降、穏健派から保守派のスペクトラムに位置する南部民主党員が引退したり敗北したりしたため、上下両院の民主党議員はややリベラルになった。しかし、大きな変化は共和党議員の側で起きていた。下院の共和党議員は着実に、そして劇的に保守化し、一九七〇年代後半の平均スコア〇・二から、二〇一四年には約〇・七へと大きく変化していた。上院の共和党議員も急激に右傾化し、上下両院で穏健派の共和党員はほとんど姿を消した[39]。その結果、プールとローゼンタールは、「現在、上下両院における分極化は、「再建期以来最高レベルに達している」と結論づけている。[40]この傾向は、二〇一八年に多くの共和党穏健派が引退・敗北することで加速すると思われる。

だからといって、アメリカの市民が絶望的に分極化しているというわけではない。スタンフォード大学で私の同僚であるモリス・フィオリーナが長い間主張してきたように、党派やイデオロギーに沿って深く分断されているのは、市民のほうというよりも、主に政治家、政治活動家、選挙資金提供者なのである。[41]

なぜだろうか。一つの重要な要因は、大規模な地理的再編である。南部は圧倒的に共和党寄りに、ニューイングランド（訳注―コネチカット州、ニューハンプシャー州、バーモント州、マサチューセッツ州、メイン州、ロードアイランド州の北東部六州を指す）は圧倒的に民主党寄りになった。[42]民主党が一九六〇年代に公民権運動を全面的に推進するなか、一九六四年には共和党の上院議員であったバリー・ゴールドウォーターが、それまでは確実に民主党が優位であった最南部五州を制し、その後、一九六八年にリンドン・ジョンソン大統領がテキサス州で勝利したことを例外として、民主党はすべての南部の州で敗北した。ニクソンは南部戦略を追求し、その後のほとんどの大統領選挙で南部は大きく共和党寄りとなった。一九八〇年代から一九九〇年代初頭にかけては、反乱分子のニュート・ギングリッチ下院議長が、委員会や議場での民主党との協力をいっさい拒否する焼き畑戦術を採用し、共和党下院会派を拡大・急進化させた。両党で極端な党派性が強まり、議会への信頼は急低下した。[43]

こうした党派再編の背景には、経済活動、社会的価値、アイデンティティをめぐるより深い地域的な変化がある。スタンフォード大学のジョナサン・ロッデン政治学教授が説明するように、製造業は北東部の密集した都市から、安価な土地と労働力があり人口の少ない準郊外や地方へと移っていった。これらの地方部は共和党に大きくシフトし、宗教的・社会的保守派は、変化する共和党に集まるようになった。他方、民主党は、民族的に多様で公共部門の組合率も高く、グローバル化、移民、イノベーション、知識経済が浸透した、脱工業的で社会的にリベラルな都市の政党としての性格を強めていった。(44) こうして、アメリカ(および他の先進民主主義国)の政治的分極化は、現在では都市部と地方の分断に大きく沿っており、地方が主戦場となっている。

アメリカ中西部に住む文化的保守派のアメリカ人は、フィオリーナが「学界、専門職、娯楽産業、メディア、政府上層部で働く人々(45)」と定義する都市部の知識エリートを、傲慢で他人を見下した態度を取る人々と認識するようになっている。ラストベルトに住む労働者階級の白人は、自分たちが経済的に負けており、アメリカの文化的・政治的エリートが自分たち以外のすべてのグループを優遇していると頻繁に感じるようになっている。地方や準郊外の白人は、失われた認知と尊敬の念を回復しようと、自分たちをアイデンティティ集団として定義しようとする傾向が強まっている。(46) こうして、強烈な憤りの政治が展開されてきた。

トランプは、こうした文化的な不満を利用する方法を本能的に理解しており、大学教育を受けていない白人の間で七十%以上の票を獲得した。(47) 二〇一六年の大統領選における投票に関する郡別地図を見れば、間違いなくトランプは喜ぶだろう。沿岸部と中西部に点在する青い都市部の土地を除き、この国は圧倒的に赤いのだ(48)。

最近では、民主党支持層と共和党支持層は、それぞれ異なる地域で生活しているだけでなく、道徳的にも異なる世界に生きている。アメリカではかつてないほど無党派層が増えている（共和党支持者よりも民主党支持者よりも多い）が、両党はここ数十年間で最も同質的な党内を抱え、互いにかけ離れた存在になっている(49)。

この大きな溝の一因となっているのが、党派的なゲリマンダー（一方の政党が有利になるように選挙区に境界線を引くこと）である。一票の価値を平等にして「一人一票」を確実にするために、十年ごとの国勢調査の後に議会選挙区の境界線を引き直さなければならないことになっている。ほとんどの州では、この作業は議会で行われてきている。そして一方の政党が州議会の両院と州知事を支配している場合、その政党は州議会とアメリカ合衆国下院の両方で議席数を強引に最大化することが可能になる。

どちらの政党も、権限があるときには露骨にゲリマンダーを行ってきたが、その恩恵を最も受けてきたのは共和党である。次頁の表は、二〇一六年に党派的不均衡がもたらした最悪の被害者を示している。これは、下院議員が五人以上いる州で、議席数の割合が得票数の割合よりも十％以上少ない政党を示したものである。これら十九州のうち十五州において、民主党員が極端なゲリマンダーの犠牲者になっている。

たとえばノースカロライナ州では、民主党が議会選挙で四七％の票を獲得したにもかかわらず、下院十三議席のうち三議席しか獲得できていない。二〇一六年の選挙前に裁判所から選挙区再編を迫られた州議会選挙区再編委員会の共和党委員長は、「共和党十一名と民主党二名の地図を描くことは不可能だと考え、共和党十名と民主党三名にとって党派的に有利になるように地図を描いた」と認めている。(50)

二〇一六年に共和党の総得票率がわずか四九％（民主党は四八％）であったにもかかわらず、共和党が下院の五五％以上の議席を獲得できたのも、こうした皮肉な党派的動きによるものである。また、「ビッグデータ」とコンピューターモデリングの革新により、議員はこれまで以上に正確に選挙区を切り刻んで党派的な利益を最大化することができるようになっており、公平性の欠如がますます顕著になってきている。超党派の委員会が選挙区の再編を行えば、より民主的な結果が得られるということは、この方法を用いて選挙区の再編を行っている四州の結果を示した表の一部からも明らかである。

ゲリマンダーは、大きな隔たりを起こす原因の一つに過ぎない。民主党支持者は地理的に票が集中する都市中心部に密集している傾向がある。(51) 単純に選挙区が「自然に」同じ広さに見えるように境界線を引くと、それだけで共和党が有利になる。しかし、ゲリマンダーは不公平さを際立たせる。また、別の効果もある。保守的な南部の州で民主党の議席がアフリカ系アメリカ人の多い地区に限定されていると、南部の激戦地区から穏健な民主党議員が選出される可能性はほとんど排除されてしまう。逆もまた然りである。マサチューセッツ州やメリーランド州のように、リベラルな民主党員が区割りを支配すると、穏健派の共和党議員を失うことになる。より一般的に言えば、支配的な政党がゲリマン

特定の州における下院の得票率と議席率の不均衡（2016 年）

州	敗北政党	得票率	議席率	獲得議席数
アラバマ州	民主党	33%	14%	1/7
コネチカット州	共和党	36%	0%	0/5
ジョージア州	民主党	40%	29%	4/14
インディアナ州	民主党	40%	22%	2/9
ケンタッキー州	民主党	29%	17%	1/6
ルイジアナ州	民主党	31%	17%	1/6
メリーランド州	共和党	36%	13%	1/8
マサチューセッツ州	共和党	15%	0%	0/9
ミシガン州	民主党	47%	36%	5/14
ミズーリ州	民主党	38%	25%	2/8
ノースカロライナ州	民主党	47%	23%	3/13
オハイオ州	民主党	41%	25%	4/16
オクラホマ州	民主党	27%	0%	0/5
オレゴン州	共和党	38%	20%	1/5
ペンシルバニア州	民主党	46%	28%	5/18
サウスカロライナ州	民主党	39%	14%	1/7
テネシー州	民主党	34%	22%	2/9
バージニア州	民主党	49%	36%	4/11
ウィスコンシン州	民主党	50%	38%	3/8
超党派委員会のある州				
アリゾナ州	民主党	43%	44%	4/9
カリフォルニア州	共和党	35%	26%	14/53
ニュージャージー州	共和党	45%	42%	5/12
ワシントン州	共和党	45%	40%	4/10

出典：“United States House of Representatives Elections, 2016,” BallotPedia. https://ballotpedia.org/United_States_House_of_Representatives_elections,_2016.

ダーを行うと、激戦地区の数が減り、無党派層にアピールしなければ勝てない穏健派を生み出す可能性が減少する。これは私たちの民主主義を衰退させる分極化を、さらに悪化させるだけである。

分裂したメディアの状況

今日の分極化を促進しているもう一つの新たな要因は、メディア状況の変化である。これは、「特定の少数派に向けられた放送」に陥りやすい党派的なメディアの急増と、ソーシャルメディアの台頭によるものである。ほとんどのアメリカ人が党派性を帯びていない三大ネットワークニュース放送のうち一つと地元紙からニュースを得て、公共圏を共有していた時代はとうに終わった。ケーブルテレビのニュース番組やオピニオン番組、ラジオのトークショー、とくにツイッターやフェイスブックのようなソーシャルメディアなど、アメリカ人の情報源ははるかに断片的なものとなっている。

一九八七年、連邦通信委員会は、対照的な意見を平等に伝えることを命じた有名な公平原則（Fairness Doctrine）を撤回した。そして保守系ラジオ局のトークショーは、きわめて政治的な放送の新時代到来を告げた。ラッシュ・リンボー、ショーン・ハニティ、ローラ・イングラム、そして陰謀論者のグレン・ベックなどの司会者は、強硬な保守的視点と、民主党や左派、そして彼らとの妥協をいっさい認めないほどの彼らへの非難を放送することで、全国的に多くの支持者を獲得し、商業的な成功を収めた。

これが新世代の過激なコメンテーターやメディアプラットフォームの方程式となった。オンラインでは、「ブライトバート（Breitbart.com）」が同様の道を切り開いた。ラジオのトークショーで最も人気がある八つの番組はいずれも保守系で、過去三十年間、炎上を引き起こすリンボーが一貫してトップを占めており、現在では一四〇〇万人のリスナーを抱えている。(52)

右派のフォックス・ニュースや左派のＭＳＮＢＣに代表される党派性の強いニュース放送の台頭は、この溝をさらに深めている。これらのケーブルネットワークの視聴者数は、三大テレビネットワークにはまだ及ばないものの、トークラジオと同様に、活動家の意見を集約し分極化を促している。強硬派の活動家は、選挙に立候補する者の政治資金やエネルギー、ボランティア獲得に対して過度な影響を与え、結果として誰が党の予備選挙に勝利するのかをも左右する。右派では、こうした傾向がメディア視聴者を活発化させ、クリントン政権期の議会でギングリッチ革命を推進し、オバマ政権期にはティーパーティーの拡大に貢献した。左派では、二〇〇四年のハワード・ディーン、二〇〇八年のオバマ、二〇一六年のバーニー・サンダースなどのように、党派的な人物が独自に政治的な反乱を起こしてきた。

ソーシャルメディアは、理想的なほどに挑発政治に適している。オンラインコンテンツは瞬時に拡散し、数分のうちに急速に伝播する。ツイッターではユーザーが自分の素性を明かすことなく投稿できるため、内部告発者が汚職を暴露したり、人権活動家が独裁者に立ち向かったりすることもできる一方で、人種差別主義者が毒を吐いたり、敵対的な外国の政府が選挙運動を混乱させたりすることもできる。(53) 誰もがジャーナリスト、コラムニスト、ビデオグラファーなどのように装うことが可能になると、メディアの世界は民主化されるかもしれないが、同時にプロの基準も失われる。

ソーシャルメディアが民主主義に与える継続的な危険性は、単純に、有権者が複雑性に対処する能力の低下かもしれない。情報源が増えれば増えるほど、集中力の持続時間は急激に低下する。とくにフェイスブック、グーグル、インスタグラム、ツイッターなどのソーシャルメディア企業は、「センター・フォー・ヒューメイン・テクノロジー」が言うように、「お金を稼ぐために必要な、限りある人間の注意力をめぐるゼロサム競争」を繰り広げている。[54] そのため、ソーシャルメディアのエンジニアは、人々の関心を引く扇情的で感情的なメッセージを優先するようなプラットフォームを設計し、アルゴリズムを書き上げる。たとえそれが完全な偽りに基づくもの、あるいはコンピューター化された「ボット」と呼ばれる、人間のように振る舞う自動アカウント（そのようなアカウントは、全ツイッターアカウントの十％以上を占める可能性がある）によって伝えられるものであったとしても、である。人々が夢中になると、衝撃的な投稿が流行し、ユーザー数は増え続け、広告収入が殺到する。そしてアメリカ社会はより怒りに満ち、より分極化し、より操られやすくなっていく。

ソーシャルメディア企業はまた、膨大な量のユーザーデータを蓄積しており、企業、政府、政治運動、そして犯罪者があらゆる種類の有権者を「マイクロターゲット」とすることが可能になっている。二〇一六年に、ヒラリー・クリントンに比べてフェイスブックに多額の資金を投下したトランプ陣営は、「十六の激戦州で一三五〇万人の説得可能と見られる有権者にターゲットを絞り、世論調査が見逃していた隠れトランプ支持者を、とくに中西部で発見した」と報じられている。[55] そしてもちろん、トランプ自身も、ツイッターを絶え間なく、かつ衝撃的に利用し、報道内容に大きな影響を与え、穏健なライバルたちをかき消していった(56)。

センター・フォー・ヒューメイン・テクノロジーは、人々を操作するのに用いられる悩ましいメニューを紹介している。特定の郵便番号、人種、宗教の人々に直接的に嘘を押し付けること、陰謀論や人種差別の傾向がある人々を見つけること、感情的に脆弱なタイミングを見計らって市民を食い物にするメッセージを伝達すること（フェイスブックの調査によれば、落ち込んでいる十代の若者は化粧品をよく購入する）、何百万もの偽アカウントや実在の人物に成りすましたボットを作成し、ありもしないコンセンサスがあたかもあるかのような印象を何百万人もの人々に与えて騙すこと、などが含まれている(57)。

最近の調査によれば、平均的なアメリカ人は、二〇一六年の選挙戦最後の一カ月間に、複数の偽のプロパガンダ記事に遭遇していたと考えられるという(58)。これこそが本当の「フェイクニュース」であり、本物の情報よりも遠く、そして速く拡散される。多くの場合、トロール（扇動的で破壊的なプロパガンダを意図的に投稿するインターネット上の人間挑発者）やボットによって加速された組織的なキャンペーンが行われる。二〇〇六年の創設から二〇一七年までにツイッター上で拡散されたすべてのニュースを調査したマサチューセッツ工科大学の三人の研究者は、「すべての情報カテゴリーにおいて、偽りは真実よりもはるかに遠く、速く、深く、広範囲に拡散した」ことを発見している。とくに、偽の政治ニュースは、他のどのカテゴリーの情報よりも広く、速く、多くの人々に届き、口コミで拡散している(59)。

インターネットは、子どもたちの理科の宿題を手伝ったり、がん患者への支援システムを提供したりするなど、多くの利益を提供する。しかしインターネットは同時に、ポピュリストの民衆扇動に利用される媒体でもある。ドナルド・トランプは、これまでに大統領職を目指した誰よりも、そのことをよく理解していた。残念ながら、ウラジーミル・プーチンも、それを理解していた。

民主主義の衰退

アメリカが完璧な民主主義国であったことは、一度もない。建国以来、この新しい共和国は、奴隷制度、人種差別、性差別、移民排斥、ネイティブアメリカンのほぼ根絶、独占資本主義、汚職、市民的自由への度重なる攻撃などによって傷つき、限界を抱えてきた。

憲法採択から十年も経たないうちに、ジョン・アダムス大統領のもとで外国人・治安諸法が制定され、憲法にひずみが生じた。エイブラハム・リンカーン大統領は、南北戦争中に人身保護令状を停止した。ウッドロー・ウィルソン大統領は、新たな治安法に基づき、アメリカの第一次世界大戦参戦を批判した者を迫害した。第二次世界大戦の初期には、十万人以上の日系アメリカ人が、押し寄せる移民排斥主義者の恐怖心の波にのまれて検挙され、収容所で拘留された。冷戦期には、ジョセフ・マッカーシー上院議員が扇動的な反共主義を掲げ、多くの人の生活を破壊した。ベトナム戦争中、デモ参加者はしばしば政府の違法な監視の対象となった。二〇〇一年九月十一日の同時多発テロの後、ジョージ・Ｗ・ブッシュ政権のテロ対策は大規模になり、多数のアメリカ人の通信が秘密裏に令状なしで盗聴されたり、テロ容疑者を尋問するための拷問がＣＩＡによって行われたりした。

トランプ時代における憲法上の権利や規範への危険性を考えるとき、われわれはこの歴史を肝に銘じておくべきである。九・一一後に問題のあるアメリカ愛国者法が制定されたとはいえ、アメリカ人の市民的自由は近年、以前の戦争の時代よりもはるかによく守られている。しかし今後、戦争やテロ攻撃、外国による政権転覆の試みに関する恐怖が誇張され、アメリカの中核的な自由を侵害する口実をトランプに与える可能性がある（アメリカ国内で大量の犠牲者を出すジハード主義者の攻撃があった場合、トランプが何を提案するか、想像してみてほしい）。

近年、アメリカで民主主義の質が低下していることが、独立機関によるレーティングで明らかになっている。幅広く評価されているフリーダムハウスは、政治的権利と市民的自由をゼロから一〇〇のスケールで測定しており、アメリカについては二〇一〇年の九四をピークに、二〇一七年には八六にまで落としている。これは、主な西側民主主義諸国の中で最も急激な下落である[60]。この衰退は、議会機能不全の深刻化、政治への資金流入、刑事司法制度における人種的不公平などが原因となっている。しかしフリーダムハウスは、トランプ時代に特有のいくつかの原因も挙げている。それらは、二〇一六年選挙におけるロシアのハッキング、これに対するトランプ政権の無気力な対応、政権に蔓延する「基本的な倫理基準の違反」、そして悩ましい「政府の透明性低下」である[61]。

ワシントンの分極化が進むにつれて、礼節の規範は失われ、議会が党派を超えて協力する能力は急激に低下してきた。主要な問題に関して議会が膠着状態となる頻度は、ここ半世紀の間に倍増し、年平均で約六十％に達している。[62]

分極化は、議会による大統領の権力濫用チェックや、真面目でオープンな審議をも妨げている。二〇一七年十二月に共和党が公約に掲げた税制改革——抜本的で非常に複雑な法案であった——を承認するために、上下両院は法案を急いで通過させたが、「民主党の上院議員が法案と修正案のコピーを受け取ったのは投票の数時間前で、しかも法案提出者ではなくロビイストから受け取ったと不満を漏らしていた」。[63]

われわれの民主主義は、先に述べた政治資金の闇の流れによっても侵食されている。これらの資金には紐が付いている。問題は選挙費用のみではなく、企業や産業界のアクターに大きく偏ったロビー活動にもある。二〇一七年に群を抜いていたのは全米商工会議所であり、ロビー活動に八二〇〇万ドルを費やしていた。

二〇一七年にロビー活動に支出した上位二十団体のうち、企業や業界団体でなかったのは、オープン・ソサエティ・ポリシー・センター（十一位）のみであった。この団体はリベラルな億万長者ジョージ・ソロスが支援する団体で、人権、移民、刑事司法改革などに関する進歩主義的な政策を提唱するために、約一六〇〇万ドルを支出していた。[64]上位十団体はその二十倍近くの資金を、製薬会社、不動産業者、病院、医師、ボーイング社、グーグルの親会社であるアルファベット社、そしてビジネス全般の利益のために費やしていた。

選挙戦の終盤、トランプは「沼の水を抜く」いくつかの合理的な改革を提案した。寄付者や特別利益団体の政治的影響力を制限し、ロビイストと政府の間における回転ドアのような人の動きを鈍くさせるものであった。しかし、トランプ政権の初期には、かえって不正行為が急増した。二〇一七年末、超党派のキャンペーン・リーガル・センターは、トランプへの上位寄付者たちがやっかいなほどのアクセスと影響力を獲得しており、「トランプが指名した政権幹部の半数以上が、現在規制を任されている業界とのつながりを持っている」と警告した。[65]

われわれの民主主義にはどれほど回復力があるか

私が描写してきた光景は、人騒がせなものだろうか。いや、どちらかと言えば控えめすぎるのではないかと心配している。

本書を書いている時点でトランプ就任から一年が経過し、多くの、そしておそらくほとんどの政治アナリストや観察者は、アメリカの制度には回復力があることが証明され、トランプがアメリカの民主主義に与える長期的な危害を抑えることができていると結論づけているようである。[66]彼らの見立てでは、トランプは不快なことを言っていたが、市民的自由や憲法上の制約を損なうようなことはあまりしていなかった。たしかにトランプは、メディアを罵るものの、ジャーナリストのファイルを押収したり、彼らを刑務所に入れたり、メディアを停止に追い込んだり、報道機関を検閲したりすることはなかった。[67]たしかにトランプは、自分に不利な判決を下した連邦判事を吊るし上げたが、多くの判事はトランプに不利な判決を下し続けた。

記者や法律家などが示す勇気には感謝するが、私はこの説を信じない。私はこれまでのキャリアを通じてアメリカ政治を見てきたが、トランプの大統領就任にはかつてないほど警戒しており、現状に満足する議論には全く説得力がないと考えている。

たしかに、アメリカはハンガリーやトルコと異なり、対抗勢力が弱いために非リベラルな指導者を優位に立たせている国ではない。しかし、民主主義に対する権威主義の攻撃は徐々に進行することが多く、その成功の鍵となるのは、どれだけの期間そのような進行が許されているかということである。二年というのはあまり十分なテスト期間ではなく、トランプ在任期間の初期は、非常に不穏なものにとどまった。

最も憂慮すべきことは、トランプ自身ではなく、非常に多くの共和党政治家や保守系団体、右寄りのメディアが、トランプに同調したり、彼の出世を利用しようとしていることである。大恐慌時代に最高裁判所を自分に近い者で満たそうとしたフランクリン・ルーズヴェルト大統領の問題のある取り組みを再現するかのように、司法擁護団体であるフェデラリスト・ソサイエティの代表は、二〇一七年、「連邦控訴裁判所の権限を持つ判事を二倍、三倍にする」ことを提案した。これは明らかに、トランプに反対した判事の抵抗を克服しようとする試みであった(68)。ウォールストリート・ジャーナル紙の社説は、保守的価値観を欠いた低俗な人物として原則的にトランプに反対していたアプローチから、内部での粛清を経て、トランプの行き過ぎた行動を詫びて陰謀論的な考え方を甘受する路線に転換した（訳注―ルパート・マードックのニューズ・コープが所有するウォールストリート・ジャーナル紙は保守系であり、マードックはトランプに好意的な姿勢で知られるフォックス・ニュースも所有している）。他には、海外におけるアメリカのリーダーシップを長きにわたって信じてきた議会の共和党議員も、トランプが企業に有利な減税を可決したことから、彼の保護主義に肩入れするようになっている。長い間家族の価値を説いてきた福音派の人々は、トランプが若々しい保守派を最高裁判事に指名したことから、彼の下品さやポルノ女優との交際を見過ごしてきた。そして、トランプが大統領になるかなり以前から、二十以上の州は、主に共和党が支配する議会を通じて、市民（とくに貧困層と人種的マイノリティ）の有権者登録と投票を容易にする取り組みを後退させようとしてきた。バラク・オバマが大統領に選出された二〇〇八年にアフリカ系アメリカ人やその他のマイノリティによる投票が急増したことを受けて、事実上、南部全体がこのような非民主的な方向に動き、二〇一八年には、共和党が支配する州がネイティブアメリカンの投票を抑制しようともした(69)。

連邦政府へのダメージがどの程度継続するかはわからない。ＦＢＩやＣＩＡなどの情報機関に対するダメージの程度についてもわからないし、内国歳入庁、環境保護庁、外交官、司法省のキャリア検察官やスタッフ、消費者金融保護局のような主要な規制機関、その他トランプが組織的に軽視し、士気を下げ、無視し、資金を枯渇させたりしてきた政府官庁の他の多くの組織などへのダメージの程度についても、わからない。トランプ政権の政府に対する軽率な侮蔑は、彼の最も忠実な支持層である地方の有権者に貢献している農務省にまで及んでいる(70)。

また、トランプが極右を甘やかし、物理的な暴力を公然と誘導したことで起きた被害の程度を完全に把握することもできない。わかっていることは、二〇一六年にトランプ陣営が集会を開催した都市では、集会当日の暴行発生率が通常の日よりも十二％高かったことである。(71)

二〇一七年に死者一名を出したシャーロッツビルでの暴力事件や、二〇一八年にピッツバーグのユダヤ教施設ツリー・オブ・ライフ・シナゴーグで十一人のユダヤ人礼拝者が殺害される何年も前から、アメリカではネオナチや白人至上主義者のグループが勢力を伸長させてきた。(72) 今ではアフリカ系アメリカ人、ユダヤ系、ラテンアメリカ系、その他のマイノリティに対する「憎しみと怒りに満ちた重武装の市民」数十万人が、「オルタナ右翼（alt-right）」を自称する新世代のカリスマ的指導者の背後に集結している。彼らはトランプの政策をも支持している。元国土安全保障省国内テロ担当上級アナリストであるダリル・ジョンソンが言うように、「国境の壁、入国禁止、不法移民の大量強制送還といった考えは、わずか十年前に白人至上主義者の掲示板で謳われていたものであり、現在ではアメリカの公式な政策として打ち出されている」(73)。

このような大統領のリーダーシップが通用する限り、アメリカの民主主義は重大かつ深刻な危険にさらされ続ける。

第6章　ロシアによる世界的な攻撃

ロシア人は、二〇一六年のわれわれの選挙に干渉した。彼らには目的があった。やり方は洗練されていた。彼らは圧倒的な技術力でそれを行った。政府の上層部が主導する、積極的かつ計画的なキャンペーンであった……彼らはアメリカを狙っている。われわれの壮大な実験を、彼らは脅威であると考えている。だから彼らは、可能な限りこの実験を潰し、汚そうとしている。

――元FBI長官ジェームズ・コミー、上院での証言（二〇一七年六月八日）(1)

第二次世界大戦が終わり、アメリカ人が長い平和の時代を望んでいた頃、ジョージ・F・ケナンは、アメリカ外交史上最も影響力のある電報で、多くの市民の幻想を打ち砕いた。駐モスクワ米国大使館のナンバー2であり、作家のような外交官であった彼は、ワシントンに発信した有名な「長文電報」の中で、ソ連が勢力を拡大し、西側民主主義諸国を弱体化させる世界的な取り組みを遂行していると警告した。ケナンは、「クレムリンの世界情勢に関する神経症的な見方」の根底には、「ロシアの伝統的で本能的な不安感」と、「有能で、強力で、高度に組織化された」西側社会への恐怖心があると論じた。ソ連の指導者たちは、自分たちの「脆弱で人工的な」体制が、「西側諸国の政治体制との比較や接触に耐えられない」ことを知っていたのである。

ケナンは、ソ連の指導者らが不安と恐怖を抱き、有用な情報がなく苦境に立たされていると見ていた。この見方によって彼は、アメリカと西欧において「国家の自信を破壊し」、西側民主主義国で「社会的・産業的不安を増大させてあらゆる形態の不和を引き起こす」ために、ソ連が執拗なキャンペーンを行うだろうと予測した(2)。

ソビエト連邦が一九九一年に崩壊したとき、多くの人々はロシアの独裁、不安、偏狭さといった歴史的傾向が、より開放的で民主的なものに転じることを期待した。一瞬、それが実際可能であるかのように見えた。ボリス・エリツィン大統領のもと、ロシアでは競争的な政治、独立したメディア、市民団体、そして新興の市場経済が見られるようになったのである。これらはすべて、浅く暫定的なものではあったが、ロシアが西側諸国と真の意味で協力できる可能性を感じさせた。

その希望は長続きしなかった。自由や開放とともに、大規模な汚職、経済的混乱、そしてロシアの新大統領への権力集中が発生した。一般市民が旧社会主義的セーフティネットから切り離されているにもかかわらず、旧ソ連の国家は、とてつもない富を手に入れた新時代ロシアのオリガルヒによって「民営化」された。二〇一八年のアメリカ上院報告書によれば、エリツィン政権下において「ハイパーインフレ、緊縮財政、債務、悲惨な民営化計画が組み合わさり、一九九〇年から一九九八年の間にGDPを四十%以上も減少させ、アメリカ大恐慌の二倍の規模で三倍の期間にわたって崩壊をもたらした」(3)。ほとんどのロシア人にとって、ソ連の崩壊は近代化や西側との統合ではなく、貧困と国家の屈辱をもたらしたのである。そこに、ロシアを再び本質的に偉大な国にすることを誓った新たな指導者、ウラジーミル・プーチンが登場した。

ベルリンの壁崩壊まで東ドイツに赴任していた元KGB将校のプーチンは、一九九〇年代の激動の政治の中で、驚異的なスピードで出世していった。サンクトペテルブルク副市長、KGBの後継組織であるロシア連邦保安庁（FSB）長官、副首相、首相を経て、一九九九年末にエリツィンが突如辞任すると、大統領代理を務めた。残忍なチェチェン紛争で高まった強烈なナショナリズムを巧みに操って、プーチンはその数カ月後、国際的にも批判された不正な選挙を経て当選した。プーチンは瞬く間にクレムリンに権力を集中させ、ライバルや批判者（なかには殺人事件で死亡した者もいて、まだ未解決のものもある）を排除し、世界の支配者の中でも最大級の個人資産を築いた(4)。

二〇〇〇年以降、プーチンは、ロシアをこれまで以上に抑圧的なクレプトクラシー国家にしてきた。莫大な石油・ガス収入を用いてロシアの軍事力を再建し、二〇〇八年にはジョージア、二〇一四年にはウクライナに侵攻し、西側との対立を引き起こしてきた。権力の座に就いてからの約二十年間、プーチンは経済の近代化、一般的なロシア人の生活の質向上、ロシアの人口減少食い止めなどに失敗してきたという事実からロシア社会の注意を逸らす必要に駆られてきた。

プーチンのロシアと世界に対する見方は、ケナンが「長文電報」で描写したソ連の指導者たちのそれと酷似している。プーチンは、西側諸国がロシアを包囲して弱体化させようとしていると考えている。ケナンの言葉を借りれば、彼は、「外の世界が邪悪、敵対的、脅威であり、進行性の病気の病原菌を内包している」と考えている。[5] プーチンの力は比類ないにもかかわらず、彼は自分の支配の正統性に深い不安を抱いている。そのため、民衆のデモを見てパニックに陥り、自分を権力の座から退かせようとする西側の陰謀だと非難したりするのである。

これはまさに、二〇一一年十二月に起こったことである。数万人のロシア人がモスクワなどの街頭で「プーチンは泥棒だ」、「プーチンのいないロシアを」と叫び、議会選挙の不正行為に抗議した。[6] プーチンは、大統領就任以来最大規模となったこのデモを扇動したとして、ヒラリー・クリントン国務長官を非難した。クリントンは、「選挙の実施に関する深刻な懸念」を表明し、報告されている不正と脅迫に関する全面的な調査を求めた。[7] プーチンは激怒した。彼は、何億ドルもの「外国の資金」がロシアの政変を促すために使用されていると主張した。[8] そして、「内政に対する干渉から自らを守る必要がある」と宣言した。[9] その言葉の意味は、数年後に明らかになる。

現代ロシアの専制君主は、二〇〇四年のウクライナにおけるオレンジ革命や二〇一一年のアラブにおける反乱など、域内外での民主的な「体制変動」を支援しようとするアメリカやヨーロッパの取り組みに長い間反感を抱いていた。とくに、長年の独裁者ムアンマル・カッザーフィーを転覆させた（そしてリンチにかけた）リビア革命に狼狽した。また、重要なパートナーで親ロシア派の独裁的なヴィクトル・ヤヌーコヴィチ大統領を失脚させた、二〇一三年から二〇一四年のウクライナにおけるユーロマイダン革命に激怒した。(10) ロシア生まれのアメリカ人ジャーナリストであるジュリア・ヨッフェは、「プーチンにとって何が起こったのかは明らかであった」と述べている。「プーチンがロシアの延長線上にあると見なす最も親しい同盟国を、アメリカは打倒したのだ。アメリカがウクライナの民主派ＮＧＯに費やした資金は、すべて報われた」(11)。

これらの課題に直面したプーチンは、ケナンが一九四六年に描いた戦略に立ち返り、それをデジタル時代にあわせて刷新した。ケナンが警告したように、プーチンは分裂を促し、社会的・人種的不安を増大させ、西側主要民主主義国の自信を喪失させ、それらの国々を互いに分断させようとする。しかしその手段は、かつてのソ連が想像もしなかったものであり、もし可能であれば熱心に採用したであろうもの、つまりソーシャルメディアである。彼の直接的なターゲットは、ヒラリー・クリントンと二〇一六年のアメリカ大統領選挙であった。しかし、より広い意味では、民主主義そのものが標的である。

アメリカ民主主義のハッキング

二〇一六年三月、ヒラリー・クリントンの大統領選挙運動と民主党は、「フィッシング」による「全面攻撃」のターゲットとなった。これは電子メールによって仕掛けられたもので、高度に洗練されたものだった。「世界中の何千もの受信ボックスから何百万通ものメッセージを吸い上げることを目的とした、大規模な作戦の一部」であった(12)。攻撃者が入手した戦利品の中には、クリントンの選挙対策責任者を務めたジョン・ポデスタのメール五万通が含まれていた。この攻撃は、ロシア政府と連携した「ファンシー・ベア」と呼ばれる作戦の一環で、春の間行われ続けた。彼らは民主党全国委員会のファイルに侵入し、民主党議員、選挙運動スタッフ、コンサルティング会社、シンクタンクなどを幅広く標的にした。最終的に、ロシアの作戦は十人以上の民主党員から十五万通以上のメールを入手した。

傍受したメッセージはその後、(主にウィキリークスを通じて)ロシアの軍事情報機関であるロシア連邦軍参謀本部情報総局から漏洩された(13)。漏洩は、民主党内の分裂を引き起こし、クリントンの信用を失墜させた。これは選挙運動の形勢を逆転させる絶妙なタイミングで行われた。二〇一六年七月の民主党大会前夜に最初のメールが流出すると、これは党内左派の反クリントン感情を煽った。党委員長は辞任を余儀なくされ、バーニー・サンダース支持者の一部は民主党全国委員会を提訴するに至った。十月七日にポデスタのメールが公開されると、前日のワシントン・ポスト紙に掲載された大スクープ記事から世間の注目が逸れた。ワシントン・ポスト紙のスクープは、トランプが女性への性的暴行について卑猥な自慢話をしていた二〇〇五年のビデオテープが発見された、という内容であった。選挙戦の終盤には、ハッキングされたメールがソーシャルメディアに毎週流れ込み、スキャンダルを求める「メディアの大殺到」を引き起こした。(14)

七月にメールが流出した直後に、技術的な専門家も政治的な専門家も、ロシア政府とその指導者が引き起こした可能性が高いと指摘した。選挙戦を通じてトランプはプーチンを称賛していたが、クリントンにはロシアの指導者と対峙してきた長い歴史があった。オバマ政権下でクリントンは、二〇一四年のプーチンによるクリミア併合を、「ヒトラーが一九三〇年代に行ったこと」と比較するなど、大統領よりも厳しい路線を取ることが多かった。オバマ政権下のホワイトハウスでロシア担当最高責任者を務め、その後駐モスクワ米国大使を務めたマイケル・マクフォールは、二〇一六年七月、流出したメールはプーチンのクリントンに対する「仕返し」だろうと鋭く推測した。(15)

二〇一六年の選挙が終わって初めて、ロシアによる作戦の全容がわかり始めた。トランプ自身の情報担当トップであったダン・コーツ国家情報長官が後に認めたように、アメリカの情報機関は、選挙運動中にロシアがメールのハッキングや「フェイクニュース」の拡散に関与していた、と全会一致で結論づけた。(16)

二〇一七年一月、退任を控えたジェームズ・クラッパー国家情報長官は、CIA、FBI、国家安全保障局の総意として、クリントンの選挙運動にダメージを与え、トランプの当選を助け、「アメリカの民主主義プロセスに対する国民の信頼を損なうため」の「影響力工作」をプーチンが個人的に指示したとの見解を発表した。アメリカの情報機関による見解は、「クレムリンが、アメリカ主導の自由民主主義秩序を損なうという長年の願望を進めようとしており、プーチンをはじめとするロシアの上級指導者たちは、自由民主主義秩序の促進を脅威と見なしている」と付け加えている。[17]

情報機関の報告書は、「プーチンとそのアドバイザー、およびロシア政府が、クリントン長官よりもトランプ次期大統領を明確に好むようになった」と結論づけている。クリントンが勝つ可能性が高いと思われると、ロシアのキャンペーンは彼女の信頼性と統治能力にダメージを与えようとした。トランプの勢いが増すと、ロシア政府はトランプを大統領に押し上げようとした。

アメリカ情報機関の評価は、「モスクワの影響力工作」は「サイバー活動のような秘密の諜報活動と、ロシア政府機関、国営メディア、第三者の仲介者、および「トロール」（報酬を受け取って活動するソーシャルメディアユーザー）による公の活動」を混ぜ合わせたものであったと指摘している。また、モスクワのデジタル工作員は、アメリカの二十以上の州において有権者登録データベースを探り、そのうちいくつかの州のデータベースに侵入した。[18] 将来的には、選挙運動のみならず、ロシアがアメリカの選挙プロセスの基盤そのものに大混乱をもたらす可能性が高まったことが示されている。

二〇一八年二月、ロシアの選挙干渉を調査するロバート・ミュラー特別顧問は、十三人のロシア人と三つのロシア系組織を連邦大陪審で起訴したと発表した。ミュラーは、ロシアのキャンペーンが、これまでに理解されていた以上に大胆かつ入念に準備されていたことを明らかにした。

起訴された組織の中には、プーチンに近いロシアのオリガルヒが運営する、巨大な「インターネット・リサーチ・エージェンシー社（ＩＲＡ）」も含まれていた。起訴状によると、二〇一四年五月までにＩＲＡは、アメリカの選挙プロセスに対する「情報戦」を任されていた（ＩＲＡの攻撃は、ロシアがクリミアを併合し、ウクライナ東部で機密戦争を開始した直後に行われ、米露関係を冷戦後最悪の状態に落ち込ませた）。クレムリンの狙いは、不和と不信感を植え付けるだけではなく、共和党予備選でのトランプの対抗馬を打ち負かし、トランプを大統領にすることにあった。ある報道が指摘するように、「起訴状は、被告が調査を行うために渡米し、専門家を雇ってソーシャルメディアの投稿を『本物らしく見えるように』微調整し、実在の人物の個人情報を盗んでオンライン広告を購入するという、非常に洗練された陰謀の手口を詳述している」(19)。

ロシアの工作員による調査は、フロリダを中心とした激戦州の有権者をターゲットにしていた(20)。彼らのフェイスブック広告（一部はロシア・ルーブルで購入されている）は、激論を引き起こす可能性のある社会問題や人種問題を持ち出しており、ワシントン・ポスト紙が指摘するように、「投稿に反応する可能性の高い有権者を見つけ出し、影響を与えるのに最も適切なフェイスブックの利用方法を熟知していた」(21)。この作戦は、マイノリティの有権者の間でクリントンへの支持を減らすためには、投票しないか、あるいは緑の党の候補者であるジル・スタインに投票するよう促すのが賢明な方法であると理解していたほどである（ＣＮＮの政治アナリスト、ハリー・エンテンが指摘するように、ミシガン、ペンシルバニア、ウィスコンシンの重要な三州において「スタインに投じられた票数」は、

「クリントンに対するトランプの得票差を上回った」）。[22]

ロシアによる偽情報の氾濫は、組織化されたトロール「工場」から噴き出したものだった。彼らは怒れるアメリカ人を装ってネット上の会話に飛び込み、「ヴァイス・ニュース」が指摘するように、「人種、移民、銃、南軍旗のような、論争を引き起こす問題のボタンを両側から」押し、「同じ問題の両側で現実の集会」を組織した。[23]

ある悪名高い事件では、二つのオンラインコミュニティ（それぞれ二五万人以上の会員を擁する）が二〇一六年五月二一日、ヒューストンのイスラム教系施設で対立する抗議活動を行った。一方のグループである「ハート・オブ・テキサス」は、「テキサスのイスラム化を阻止する」として動員を掛けた。もう一方のグループである「ユナイテッド・ムスリムズ・オブ・アメリカ」は、「イスラム知識の保存」を掲げて結集した。いずれのグループも、テキサスのものでもアメリカのものでもなく、アメリカ社会を引き裂くことを目的として雇われたトロールによって、ロシアのサンクトペテルブルクから設立・運営されていた。[24]

二〇一六年の選挙後、ロシアのトロールは、偽のソーシャルメディアアカウントを使用して、トランプの勝利に対する抗議集会とトランプの支持集会という、相対立する集会を開催し続けた。今では有名になったあるトロール活動は、「テネシー州の共和党員の非公式ツイッター」（ツイッターのハンドルネームは@TEN_GOP）を装い、二年間にわたってトランプ、ブレグジット、ヨーロッパの極右勢力を後押ししていた。このアカウントは、アメリカの有力な保守派と良好な関係を築く一方、クリントン、進歩主義者、イスラム教徒、主流メディアを叩いた。「アトランティック・カウンシル」のデジタル・フォレンジックス研究所に所属するベン・ニモが指摘するように、このアカウントは、「アメリカの極右に関する有力な声であった。十三万人以上のフォロワーを擁し、トランプ側近の一部にリツイートされていた。二〇一七年七月にアカウントが停止されたとき、アメリカ各地の極右がこれに抵抗した」(25)。

今日、アメリカの民主主義に対するロシアの情報戦は続いており、ソーシャルメディアと伝統的メディアの両者を活用した、ニモが言うところの「全域的国家コミュニケーション活動」が用いられている。ロシアのトロールやボットの活動は、ロシアの国際的なテレビ放送であるロシア・トゥデイや、ロシア在外公館のツイートによって増幅されている(26)。ロシアのトロールは、「ブラック・フォー・ブラック」や「ブラック・マターズＵＳ」といったフェイスブックやインスタグラムのアカウントを何百件も作成し、何十万人ものフォロワーを集めている。これらのアカウントは、政治的なメッセージを洗練させ、政治的な広告を購入し、アメリカの政治により巧妙に介入したり、あるいは単に犯罪的な詐欺行為を行ったりするのに役立つ個人情報やビジネス情報を収集し、アイデンティティによる対立を激しくさせている(27)。

トランプやその陣営が、選挙に対するロシアの膨大なデジタル工作と積極的に共謀したかについては、ロバート・ミュラー特別検察官が最終判断を下すことになりそうである。しかし、二〇一六年三月の電子メールハッキングから一カ月後、ロシアとつながりのある仲介者が、トランプの外交アドバイザーの一人であるジョージ・パパドプロスに、「クリントンに泥を塗る『何千通もの電子メール』をクレムリンは持っている」と豪語していたことはわかっている。(28)そしてその六月に、トランプの元ロシア人ビジネスパートナーの一人が、「ロシアおよびロシア政府からのトランプ支援の一環」として、「ヒラリーおよびヒラリーのロシアとの取引を有罪にする」ための「公文書や情報をトランプ陣営に提供する」と申し出たとき、ドナルド・トランプ・ジュニアは「最高だ」と返信している。(29)ジュニアは、「モスクワから飛んでくるロシア政府の弁護士」と、自分、「選挙運動のボス」であるポール・マナフォート、およびトランプの娘婿であるジャレッド・クシュナーとのトランプタワーでのフォローアップ会談に同意した。(30)

これは単なる「干渉（meddling）」ではない。深淵で悪質な政治的介入であり、アメリカの民主主義に対する深刻な攻撃であった。ロシアの活動は、二〇一六年の大統領選挙に重大な影響を与えた。ハッキングされたメールの「垂れ流し」は、民主党内の分裂を深め、クリントンに対する否定的な見方を強めた。その影響はとくにバーニー・サンダース支持者の間で大きく、サンダース支持者の十二％が大統領選でトランプに投票している。(31)

この影響は、運命の最終月にレースが大詰めに入るにつれて、拡大していったと思われる。「ファイブサーティエイト」が指摘するように、アメリカ人は毎週発信されるウィキリークスからの新たな衝撃的な情報に「明らかに注目していた」。(32)ロシアによるキャンペーンの執拗さ、一億二六〇〇万人のアメリカ人がロシアの偽投稿をフェイスブック上で受け取ったとの同社の見積もり、鍵となる激戦州でクリントン支持者の投票行動を抑え込もうと戦略的にターゲットを定めたロシアのオンライン上での工作、そしてペンシルバニア州、ミシガン州、ウィスコンシン州でトランプが非常に僅差（合計約八万票）で選挙人団を獲得したという事実を考えると、[33]もしロシアの介入がなければ、ヒラリー・クリントンがほぼ確実に選挙人団を獲得していただろう、と私は結論づけた。広く尊敬されているペンシルバニア大学コミュニケーション学教授キャスリーン・ホール・ジェイミソンが行った、これまでで最も網羅的な学術的分析においても、同様の結果が導かれている。[34]当時国家情報長官であったジェームズ・クラッパーは、より強く強調している。ロシアの影響力キャンペーンが用いる正確で巧みなターゲティングを指摘して、クラッパーは、「彼ら自身も驚くほど、（ロシア人は）選挙をトランプの勝利に導いた」と回顧録の中で述べている。[35]プーチンは、二〇一六年の選挙をハッキングして、一方ではアメリカの民主主義に分裂と不和の種を蒔き、他方ではクリントンを罰してトランプを当選させるという、明らかな二つの目的をともに成功させた。

二〇一八年二月、トランプ大統領自身の情報部門幹部は、ロシアが二〇一六年の介入を成功と見なし、二〇一八年の中間選挙で再び介入の準備をしていると警告した。[36]それまでに、ジャーマン・マーシャル・ファンドの「民主主義確保のための同盟」が、ロシアの影響力工作に関連する約六百のツイッターアカウントを追跡していた。[37]これらのアカウントは、新たな政治的論争に付け込んで、アメリカの社会的・政治的緊張を煽っていた。たとえば、フロリダ州パークランドの高校で十七人が射殺された悲劇的な事件の数時間後には、銃に関する極端な賛否両論のメッセージを発信していた。また、ロシアのアカウントは、「とくにウクライナ問題や対ロシア制裁を支持するなど、プーチンの利益に有害な」政策を支持する著名な共和党員を非難していた[38]。元オバマ政権スタッフでクリントンの選挙運動でアドバイザーを務めたローラ・ローゼンバーガーは、「アメリカは攻撃を受けており、これまでも攻撃を受けてきており、今も攻撃を受けたままである……そして、アメリカ政府はそれについて十分な対応をしていない」と述べている[39]。

ロシアの悪の手

二〇一六年のアメリカは、ロシアによる選挙干渉の最初のターゲットではなかったし、最後のターゲットともならないだろう。ジャーマン・マーシャル・ファンドは、二〇〇四年以降、バルト三国をはじめとするほとんどの欧州連合（EU）諸国、ジョージア、ウクライナなど、約二五カ国の民主主義国を弱体化させる目的でロシアが行った活動を特定している。上院の報告書によると、これらの活動は、ソ連時代の転覆と偽情報の戦術に基づいて行われ、金銭、嘘、プロパガンダ、そしてより強力なハードパワーを用いて、モスクワに同調する者を支援し、モスクワへの批判者や北大西洋条約機構（NATO）の同盟国、そして民主主義そのものにダメージを与えている[40]。こうしたロシアの活動は日和見的で見境がなく、両極端な政党や運動を支援することもいとわない。たとえばドイツでは、極右の「ドイツのための選択肢」と、東ドイツ共産党の後継政党である極左の「左翼党」の両方を支援しようとしてきた。

これらの状況で共通しているのは、ロシアが真実そのもの、つまり「客観的で検証可能な一連の事実」が存在しうるという考えを攻撃していることである。[41] ピーター・ポマランツェフの二〇一四年の著書、『真実など存在せず、何もかもが可能だ』のタイトルほど、プーチンのロシアによる欺瞞と退廃をうまく表現しているものはない。[42] クレムリンの偽情報工作は、ロシアの立場が正しいと民主主義国の市民を説得する必要もなく、説得しようとしてもいない。彼らは、民主主義国の政府および政治指導者は信じられない、信頼できない、と説得しようとしているのである。放送管理委員会(Broadcasting Board of Governors、現在はアメリカ放送理事会(U.S. Agency for Global Media)として知られる、独立した連邦政府機関)の最高経営責任者であるジョン・ランシングが二〇一七年の公開証言で述べたように、「すべてが嘘ならば、最大の嘘つきが勝利する」のである。[43]

ロシアのメディア戦術は、旧ソ連時代の戦術である「そっちはどうなんだ主義(whataboutism)」を多用している。ロシアのプロパガンダ担当者は、「アメリカでの黒人に対する警察の射殺事件はどうなんだ」などと提起することで、道徳的相対主義を根拠にあらゆる批判をかわそうとする。われわれがプーチンのクリミア併合を批判すれば、アメリカのテキサス併合はどうなんだ、とプーチンは問う。われわれがロシアによるシリアへの軍事介入を批判すれば、アメリカによるイラク侵攻はどうなんだ、とクレムリンのプロパガンダ機関は問う。ワシントン・ポスト紙のダン・ザック記者が観察したように、この経験豊富な誘導テクニックは、「文脈を拡大し対案を提供しているように見せながら、実際には批判の矛先を逸らし、お茶を濁し、合理的な聴衆を混乱させる」ものである。[44]

意図的かどうかはわからないが、ロシアやプーチンへの批判を擁護したりやわらげたりするために、トランプも自ら「そっちはどうなんだ主義」のゲームを繰り返してきた。たとえば、二〇一七年二月、当時フォックスニュースの司会者だったビル・オライリーが、プーチンのような「殺人者」にどのように対処するのかと大統領に質問した際、トランプは、「殺人者はたくさんいる。あなたは我が国がそんなに潔白だと思っているのか」と答えた(45)。

イギリスの秘密情報部（MI6）元諜報員であるクリストファー・スティールは、トランプのロシアとのつながりに関する有名な「調査書類」をまとめる前に、イギリス、フランス、ドイツ、イタリアの政治に影響を与えようとしたロシアの活動に関する調査を行っていた。ニューヨーカー紙のジェーン・メイヤーが要約するように、スティールの「シャルルマーニュ」レポートには、「恐怖と偏見を煽ることを目的としたソーシャルメディア戦争や、ロシアが好む政治家への銀行融資、贈与品、その他支援といった「不透明な資金援助」など、クレムリンによる執拗で積極的な政治干渉」が時系列で記録されている(46)。クレムリンは、イタリアのシルヴィオ・ベルルスコーニ元首相やフランスの極右指導者であるマリーヌ・ルペンなど、複数の右翼、非リベラルなポピュリスト、あるいは超国家主義的な政党や政治家を優遇し、ルペンの国民戦線には、二〇一四年に、ロシアから一一〇〇万ユーロの融資を行っていた。

二〇一六年のアメリカにおける選挙と同様に、クレムリンのヨーロッパでの活動には二重の目的があった。長期的には、過激派の政治勢力を強化することで、ロシア政府は自由民主主義諸国を弱体化させようとしていた。より短期的には、EUを破壊し、それによってウクライナ侵攻に対する罰として欧米がロシアに課していた苦痛な制裁を終わらせようとしていた。

スティールの「シャルルマーニュ」レポートの重要な調査結果は、数多くの証言によって立証されている。とくに、二〇一八年一月に発表された上院外交委員会少数党である民主党スタッフによる鋭く包括的な分析には、「プーチンの民主主義に対する非対称的な攻撃」が、ヨーロッパ全土で行われていると記録されている。報告書は、今日の「悪意ある影響力工作」が、冷戦期ソ連の「積極的措置」キャンペーンの論理と歴史の上に築かれたものだと指摘している。プーチンは、国内では完全に政治的支配を確立し、海外では民主主義を弱体化させるべく、同じ手段を多く用いている。ロシアのプロパガンダ、偽情報、秘密の資金提供は、フランス、ドイツ、イタリア、オランダ、スウェーデンなどのヨーロッパ諸国の国政選挙をターゲットにしており、また、イギリスをEUから離脱させた二〇一六年のブレグジット国民投票への支持も煽っていた。

ロシアのトロールやボットは、二〇一六年のアメリカ選挙に影響を与えようと活動していたのと同時期に、数千（あるいは数万）の偽アカウントからブレグジット支持のメッセージもツイートしていた。これらのアカウントは、EUの根幹を揺るがした六月二三日の投票の後に、突如として消えた。(47)ブレグジット・キャンペーンのかつてのリーダーであるナイジェル・ファラージは、ロシアへの制裁に断固として反対しており、ブレグジット・キャンペーンもまたロシアからの不正な資金提供を受けていた可能性がある。(48)つまり、国民投票で接戦となったイギリスのEU離脱をロシアが後押ししたのであり、これはヨーロッパの統一性を破壊することを主要目的の一つとするクレムリンにとって、大きな成果であった。大西洋同盟を分断しようとするクレムリンの野望は、二〇一八年七月のNATO首脳会議でトランプ大統領がヨーロッパの同盟国を怒鳴りつけ、非難したことで、さらに勢いを増した。(49)

勢いづいたクレムリンは、スペイン・カタルーニャ地方の独立を問う二〇一七年十月の国民投票に先立ち、オンライン上で分離主義者の感情を煽り、スペインを分断しようとした。(50) 二〇一八年三月に行われたイタリアの議会選挙運動でも、ロシアの偽情報ネットワークが「疑わしい情報源、偏った専門家、扇情主義的な見出し」を用い、「何万もの」ソーシャルメディアアカウントがそれらを「共有した」。あるスペイン人ジャーナリストが言うように、ロシアのネットワークは「移民危機をめぐる国民の議論を先鋭化させる上で非常に影響力を持つ」ものとなり、イタリアの選挙では他のすべての争点をも支配するようになり、右派、ポピュリスト、反移民政党の勝利へと道を切り開いた。(51)

つまりロシアは、民主主義に対して世界的な攻撃を仕掛けているのである。ロシア政府の目的は選挙運動のみではなく、その手段もソーシャルメディアに限られたものではない。プーチンが惜し気もなく資金を投じる国営メディア、とくにロシア・トゥデイとスプートニク（三一カ国語で運営されているラジオとインターネットのニュースネットワーク）は、「制作価値の高いセンセーショナルな内容」を世界中に発信している。それらの番組は親ロシア派や反西側の声（理想的には西側内部からの声）を拡散し、ロシアの政策目標（ブレグジットやスペインからのカタルーニャ独立など）を推進し、事実を歪曲し、民主主義への皮肉を助長し、ソ連時代のように、アメリカの信用を落とすために完全な捏造による陰謀論を広めている(52)。

冷戦時代、ソ連はＣＩＡがジョン・Ｆ・ケネディ大統領を殺害したとか、ワシントンが生物兵器としてエイズウイルスを作り出したとか、荒唐無稽な作り話を流していた。現在、プーチンのプロパガンダ機関は、アメリカがウクライナで化学兵器の実験を秘密裏に行っているという話を作っている。主なターゲットは、ウクライナの不安定な民主主義政府である。クレムリンが支配するプロパガンダ機関は、ウクライナ政府をファシストと吊るし上げ、軍事衝突での残虐行為が自国の仕業であることを否認して、ウクライナ政府の行為だと非難している。

ロシアの攻撃組織は、治安機関、公営・民営企業、犯罪組織、シンクタンク、擬似独立組織など、他の国家または国家関連アクターの広大なネットワークをも通じて活動している。上院外交委員会少数党の報告書が指摘しているように、これらは「意思決定機関に潜入し、クレムリンのシナリオを推進し」、同調する政党や政治家、偽装団体に資金を流している(53)。ロシア政府は極左と極右の両方に味方を求めるが、プーチンはイスラム教徒、移民、同性愛者の権利、フェミニズムを蔑視し、「伝統的な価値観」を守ると主張する極右、白人国家主義者、反ユダヤ主義者のグループにとくに親近感を抱いている(54)。海外における民主主義の敵は、国内における寛容性の敵を幇助しているのである。

シャープパワー

もちろん、ロシアの政府関係者はこのようには考えていない。彼らは、ロシアが欧米の政治、意見、政策に影響を与えようとしていることは、欧米民主主義諸国が対外放送、文化活動、教育交流、独立メディア、市民社会団体への助成金などを通じて展開する「ソフトパワー」とほぼ同じである主張している。

しかし、この概念を考案したハーバード大学のジョセフ・ナイのような学者にとって、ソフトパワーとは、他国を説得、魅了、鼓舞することで、自国の政策や価値観、システム全体について好意的な見方を醸成する能力を意味する。これに民主主義が必要なわけではないが、開放性、積極的な関与、事実に基づいた推論が求められる。[55] ロシア、中国、そしてイランのような権威主義国は、軍事力や経済的強制力といった昔ながらのハードパワーとは異なる手段で自国の意志を他国に反映させようとする場合、ソフトパワーとはかなり異なる方法を用いている。今日の独裁者たちは、民主主義の信用を落とし、影響力のある声を堕落させ、情報の流れをコントロールし、好ましくない報道を検閲し、批判者を威嚇するために、富、裏工作、欺瞞、陽動をますます利用するようになっている。彼らは、魅了よりも否定によって思考を形成しようとしている。これは「魅力攻勢」ではなく、目に見えにくく、腐敗した、悪意のあるものである。

二〇一七年に全米民主主義基金から出版された影響力のある報告書の中で、クリストファー・ウォーカーとジェシカ・ルドウィグは、独裁者の取り組みはソフトパワーではなく、「シャープパワー」であると明示している。短剣の先のように、これらの政権は「社会構造に鋭く切り込もうとしている」、と彼らは記述している。ロシアにとって、これは「民主主義国の威信」、および民主主義の思想、規範、価値観そのものに対する「容赦ない多元的な攻撃」を意味する。(56)

ロシアはまた、軍事力の近代化にも力を入れており、とくにドローン、ハイテク戦車、電子妨害、コンピューターハッキング、長距離防空などを駆使した高速・機械化戦争の展開能力を強化している。兵器の射程距離や精度の向上と相まって、こうした積極的な投資はＮＡＴＯにとって新たな深刻な脅威となっている。(57)とはいえ、ロシアは根本的に衰退途上国であり、二一世紀の世界に対し、悪意やナショナリスト的虚勢をもって経済力の停滞と重要性の低下をごまかすことはできない。

もう一つの専制的な大国もまた、世界中の民主主義国の構造に深く食い込んでいる。巨大で誇り高い国であり、次期超大国として急速に台頭しつつある中国である。中国のやり方は、ロシアよりも忍耐強く、段階的であり、北京が行う巨額の援助や投資、偏在する企業や移民、海外の団体、政党、政治家、メディア、シンクタンク、大学などに公然または隠然と資金を急激に流すことで形成される地政学的な影響力を基盤としている。これらの影響力は、重要な民主主義機関の独立性を損ない、中国に対する世論の批判を封じ込めている。そして、中国による世界的支配を妨げる可能性のある外交・防衛政策を阻止しようとする傾向が強まってきている。

長期的に見れば、世界の民主主義に対する最大の外的脅威は、衰退するロシアの憤りではなく、台頭する中国の野心である。中国の世界的な影響力とパワーは、ますます、そして必然的に、ロシアを凌駕していくだろう。オーストラリアのジャーナリストで政策アドバイザーであるジョン・ガーナウトが言うように、「誘引、脅迫、説得的反証という隠れた世界」を通じて、中国は静かな侵略を展開している。[58] そしてこれらのことは、ドナルド・トランプ率いるアメリカが、数十年保ってきた世界的なリーダーシップを後退させ、アメリカの自由民主主義モデルを内部から崩壊させつつあるまさにそのときに起こっていたのである。

第7章

中国の密かな攻撃

中国とロシアが、経済・外交・安全保障に関する他国の決定に対する拒否権を獲得し、自国の権威主義モデルに沿った世界を形成しようとしていることが、ますます明らかになってきている。

――二〇一八年度アメリカ国家防衛戦略(1)

二〇一七年十一月、オーストラリアで出版を予定していた一本の書籍原稿が国際的な論争を巻き起こした。首都キャンベラにあるチャールズ・スタート大学のクライブ・ハミルトン公共倫理学教授が執筆したこの書籍、『目に見えぬ侵略』は、中国がオーストラリアの政治・社会を操っているその驚くべき手段の数々を手厳しく、そして事例豊富に暴いていた。しかし、この著作が非大手の出版社アレン・アンド・アンウィン社からまもなく出版されるという段になって、同社は、中国政府やその代理人からの反撃や法的措置を恐れ、出版から手を引いてしまった(2)（聞くところによれば、他の出版社二社もこの書籍原稿から手を引いたという(3)）。

他のオーストラリア人同様、ハミルトンは、自国における中国の影響力拡大に不安を増大させていた。二〇〇八年四月、北京に向かうオリンピックの聖火がキャンベラを通り過ぎる頃、彼は連邦議会の芝生で親チベット派の抗議活動に参加していた。しかしこのとき彼が目にしたのは、むしろ、「怒れる攻撃的な」数万人の中国人学生が、それよりずっと少数のチベット人抗議者とオーストラリア人支持者の集団に暴言を吐く光景であった(4)。脅迫に遭い、震えて、彼は自分の環境問題に関する研究・提言活動に戻っていった。

二〇一六年半ば、オーストラリアは野党労働党で人気上昇中だったサム・ダスティヤリをめぐるスキャンダルで揺れた。この若い上院議員は、中国政府とつながりのある実業家から個人献金と莫大な選挙運動資金を受け取り（それらは政治資金収支報告書に記載されていなかった）、中国への融和を提唱する主要人物となっていた。党の方針に反し、オーストラリアは南シナ海全域に関する中国の主張を事実上すべて認めるべきだと訴えていた。

結果的にこれは贈収賄スキャンダルとなり、オーストラリアに拡大する中国の影響力ネットワークに関する大掛かりな調査が行われることになった。ネットワークの中心にあったのは、中国企業やオーストラリアの富裕な中華系移民で、それらはオーストラリアの主要政党両党の最大献金者に名を連ねていた。

ダスティヤリは一時的に労働党内で序列を下げられたが、意図的に中国政府の方針を代弁していたとの嫌疑を否定し、すぐに指導的地位に復活した。しかし二〇一七年十二月、彼は二重の爆弾によって上院議員辞任に追い込まれた。まず、自身の弁明と異なり、領土に関する中国の主張にダスティヤリが明白かつ広範に従い、しかもあらかじめ準備した書面を読んでいたことを示す映像が明るみに出たのである。それに加えて、ダスティヤリに金銭を提供していた中国人ビジネスマンの黄向墨に、自分の電話はおそらくオーストラリアの諜報機関に盗聴されていると警告していたと報道された(5)。同月、中国が求める犯罪人引渡条約を支持しないのであれば、中華系オーストラリア人による労働党への支援を引き上げると安全保障分野における中国の有力者が二〇一七年に脅しを掛けていた、とオーストラリアン紙は報じた(6)。

クライブ・ハミルトンは、その頃までに書籍原稿を書き上げていた。数カ月にわたる論争のすえ、この書籍はハーディー・グラントという別の出版社から二〇一八年に出版された。ハミルトンの著書は、二〇〇四年頃から始まった中国共産党によるオーストラリアの社会、経済、政治への浸透キャンペーンについて警鐘を鳴らすものである。中国の工作は、オーストラリアの「学校や大学、職業団体やメディア、鉱山業から農業、観光業から戦略的資産である港や送電網、地方議会から連邦政府、そしてキャンベラの主要政党にまで」至っている(7)。

最も衝撃的なのは、中国がオーストラリアの元首相や外務大臣などの主要な政治家や市民を取り込むことに成功していることである。「彼らは中国に来ると大歓迎を受ける」、とハミルトンは記している。ボブ・ホークは、一九九一年の首相退任後、十年半の間にビジネスで数千万ドル規模の個人資産を築いた。(8) アンドリュー・ロブは、二〇一六年に貿易大臣を退任した直後に、中国共産党とつながりのある中国のコングロマリットと契約を結び、「不特定のサービスに対して」年間七十万ドル近くを受け取った。(9)

オーストラリアにおける中国の影響力戦略の重要な対象は、百万人を超える華僑である。彼らは、中国の情報提供者ネットワークや諜報員による厳重な監視と脅迫の対象となっている。なかには、「反中活動」をやめなければ中国にいる親族に危害が及ぶ、と警告された者もいる。

中国は、中国政府への批判を封じ込めるだけでなく、中国の政策に対するオーストラリアの積極的な支持も集めようとしている。その手口は、中国が振り付けた行動を、オーストラリア自身による行動のように見せるというものである。集会は「人工芝」と化し、オーストラリアにある中国共産党の統一戦線工作部ネットワークが資金提供、宣伝、組織する集会を、あたかも草の根の感情の発露であるかのように見せかけている。

二〇一八年六月下旬、オーストラリア議会は、「一九七〇年代以降のオーストラリアで最も重要なスパイ活動対策改革」(10) と言われる法案を可決し、同国の政治や市民社会での外国による秘密裏の影響力工作を起訴する能力を強化した。別の法案では、アメリカ式の外国人ロビイスト登録制度を創設した。(11) 十一月には、政党や候補者、選挙運動への外国人による献金を禁止する法案が議会で採択された。

しかし中国は、今やオーストラリアの繁栄の主な源となっており、輸出収入の三分の一を占め、年間百万人の観光客を送り込んでいる[12]。オーストラリアのビジネスリーダーや政策エリートの間では、「中国はわれわれの運命である」、「われわれは中国の世界に生きている」といった主張が広まっている[13]。中国の究極的な目標は、オーストラリアの主権を損ない、アメリカとの同盟関係を解消させ、中国の影響力下に取り込み、ハミルトンが言うように中国の「経済成長のために、オーストラリアを信頼できる安定的な供給源として」確保することである[14]。しかし、中国の野望はそれだけではない。

中国はどのようにしてシャープパワーを行使するのか

ロシアと同様、中国は民主主義国の開放性と多元性を利用して民主主義を転覆させようとしているが、その一方で、中国の国内統治はますます硬直的、抑圧的、個人主義的になってきている。オーストラリアの事例が示すように、中国とロシアは、世界の民主主義国に一方的に影響力を行使している。これらの巨大な独裁国家は、アメリカ社会にほとんど自由にアクセスできる一方、外国のジャーナリスト、研究者、学生、大学、財団、シンクタンク、企業には、厳しく課せられた条件下においてのみ、彼らの社会に関与することを認めている。

しかし、中国の目標はロシアよりも広範囲に及び、用いる資源も圧倒的に多い。ロシアと同じように、中国は西側民主主義諸国の同盟関係を弱め、アメリカ主導のリベラル秩序を破壊し、自らの経済力と地政学的パワーを拡大しようとしている。ロシアと同様、中国は、自国の正当な勢力圏と見なす地域での覇権を求めている。しかしそれ以上に、この二つの巨大な専制国家には顕著な違いが見られる。

ロシアの問題は、かつての超大国の怒り、不安、恨みにどう対処するかであり、中国の問題は、新たな超大国の野心、尊大な態度、そして過剰な行動にどう対処するかである。ロシアは、かつてモスクワが支配していたソビエト連邦と共産主義衛星国に対する支配力を復活させ、かつてソビエト連邦が誇っていた広範な国際的影響力の一部を取り戻したいと考えている。中国は、アジアおよび太平洋全域における覇権を目指しており、シンガポールのような国では、中華系コミュニティとの関係を積極的に構築し、政策に影響を与えようとしている。[15] しかし中国は、経済的にも、政治的にも、そして最終的には軍事的にも、世界のリーダーとしてのアメリカに挑戦したいとの願望も強めている。

中国政府の目標は、権威主義的な国家主導の資本主義という「中国モデル」に基づいた、「グローバリゼーション二・〇」にほかならない。このモデルは、欧米のうんざりするような説明責任要件や自由と権利に関する道徳的な説教を排除し、すばらしい成長率を実現するものである。[16] 中国の指導者たちは、自分たちのモデルが、守勢にあるライバルであるアメリカ式民主主義と資本主義に真っ向から対抗できると考えている。北京の影響力は、アジアをはるかに超えて、中国が主導権を握りたいと考えている二一世紀の世界のあらゆる地域に徐々に広がってきている。

中国による「シャープパワー」行使の方法は、ロシアとは重要な点で異なる。第一に、中国はより多くの資金を有している。近年、中国の対外援助額は年間平均三八〇億ドルに達しているが、その大部分は輸出金融や市場価格あるいはそれに近いレートでの融資である。[17] これを「援助」と呼ぶのであれば、中国はアメリカをも凌ぐ最大の二国間援助国となる。[18]

この種の融資は、弱小国を債務の罠に陥れ、戦略的資産を中国に売却する必要を生じさせる可能性がある。スリランカの苦境はその例である。腐敗した専制支配者のもと、スリランカは中国に対して推定八十億ドルもの負債を抱えた。[19] その負債を約十億ドル減額するために、スリランカは二〇一七年にハンバントタの深水港を九九年間中国にリースすることを認めた。ハンバントタ港は、インド洋の貿易ルートに面しており、中国は経済力と海軍力を「インドの勢力圏」に突っ込むことが可能となる。[20]

中国の取り組みにおける技術力の高さに関しても懸念が高まっている。「デジタル・シルクロード」の一環として、中国は（ファーウェイなどの）巨大通信企業を起用し、アジアやアフリカの国々における情報インフラの近代化を推進している。これらの支援で、携帯電話の電波整備や高速光ファイバーの敷設などが行われている。[21] しかしこれは、自国民のデジタル監視における中国の技術的な飛躍が海外で構築されるシステムに組み込まれ、他の権威主義体制に伝えられる可能性があることを意味している。[22] すでに中国は、インターネット制御技術を他の専制国家に輸出している。全世界をカバーする一五〇機以上の衛星を利用した独自の宇宙ベースの通信網を構築することにより、監視の新たな可能性が生まれるであろう。[23]

また、中国はその豊かさを利用して、中国が筆頭株主となって主導権を握る新開発銀行やアジアインフラ投資銀行という新しい国際金融機関を設立している。中国が五百億ドルを拠出している後者の銀行には、アメリカと日本を除くすべての主要先進国を含む八十カ国以上が加盟している。[24]「一帯一路構想」を通じて、中国は南・中央・西アジアからヨーロッパ、アフリカに至るまで、経済的・戦略的に結びついたブロックを構築すべく、一兆ドル以上を投じる用意がある。[25]「必要性の高いインフラプロジェクトのために中国の融資」を求めて七十カ国以上が署名しており、経験豊富な中国研究者である裴敏欣が指摘するように、二〇一七年までに中国からこれらの国々への融資は、「二九二〇億ドルという驚異的な金額に達した」。[26] これらの国々の多くは、巨大なインフラプロジェクトに付随する膨大な汚職の機会に惹かれた可能性もある。とくに、透明性に関心のない援助国が資金を提供する場合は、なおさらである。

長年にわたり中国を専門としてきたジョージ・ワシントン大学のデイヴィッド・シャンボーは、「このような規模の投資は前例がなく、冷戦期でさえ、アメリカとソ連は今日の中国の支出に匹敵する金額を費やしてはいなかった」と述べている。中国による対外支出約束額は「一兆四一〇〇億ドルに上るが、これに対してマーシャルプランの費用は、今日の一〇三〇億ドルに相当するものであった」。[27] このようなグローバルなビジョンや投資は、アメリカや西側民主主義国からは現れていない。莫大な費用が掛かる「一帯一路」構想には中国国内からも批判の声が上がっているが、[28] たとえ部分的にでも実現すれば、中国の経済的影響力と政治的支配力は大きく拡大するだろう。

中国の対外援助は世界の専制国家に偏って配分されているが（しばしばその見返りとして国連の場で中国に迎合的な投票行動を獲得している）、影響力行使は世界の民主主義諸国に焦点を当てている。[29]

メディア取引、投資、パートナーシップ契約、慈善寄付や政治的献金、取締役会での役職などを通じて、中国はロシアよりも長期的で忍耐強いゲームを行っている。メディア、出版社、エンターテイメント業界、テクノロジー企業、大学、シンクタンク、非政府組織（NGO）、さらには政府や政党など、民主主義国の重要な組織により広く、より深く入り込もうとしている。

中国共産党の規律と力を背景に、中国はロシアよりもはるかに広範囲に及ぶ包括的な組織ネットワークを利用している。[30] 共産党の統一戦線活動は、民主主義国内の分裂を利用し、海外の中華系社会団体や著名人との連携を築きながら、情報管理、プロパガンダの推進、スパイ活動などを行っている。[31] もちろん、このようなレーニン主義的な戦術は、ロシアの影響力工作にも共通して見られる。しかし、中国の活動は、（表面化していないだけで）ロシアよりも広範かつ資源豊富に広がっている。そして中国共産党は、ロシアとは比較にならないほど巨大な華僑（約六千万人[32]）が持つアイデンティティとコミュニティに基づいた紐帯を操って、プロパガンダを拡散し、影響力を動員し、中国の浸透に抗議する者に対して「反中国、反中国人、中国嫌い」の烙印を押している。[33]

メディア

中国の世界的な影響力工作の柱は、数十億ドル規模で行われる国営メディア機関の積極的な国際展開である。これらの機関は、新華社通信、チャイナデイリー（共産党の英字新聞）、環球時報（共産党の機関紙である人民日報と提携したタブロイド紙）、中国グローバルテレビジョンネットワーク

（中国国内の国営放送局の国際部門）、そして中国国際放送などである。新華社通信は一八〇の海外支局を持ち、世界の通信社では四番目に大きい（独立系のフランス通信社（ＡＦＰ）、ＡＰ通信、ロイターに次ぐ）[34]。これらの公式メディアは、ニュース報道と共産党のプロパガンダ拡散を同時に行っており、「中国が考える西側との『言論戦争（discourse war）』における主要な武器となっている」、とシャンボーは警告する[35]。ＢＢＣやＣＮＮ、あるいはドイツの「ドイチェ・ヴェレ」のような西側民主主義国の公共・民間メディアとは異なり、これらの国営・共産党系メディアは、中国、中国政府、そして中国の意図に関して一様にバラ色の見解を示している。二〇一五年の試算では、中国の対外プロパガンダ支出は百億ドルで、これは二〇一六年アメリカの広報外交支出の約五倍にあたる[36]。

また、チャイナデイリーのような国営メディアは、国や地方のメディアと記事配信契約を締結し、コンテンツを海外に向けて間接的に発信している。有料の新聞折り込みチラシは、地元新聞社が編集したかのようにレイアウトされている。直接的な影響がわずかであっても、これらの折り込みチラシがもたらす収入は、「依存関係を生み出し」、「親会社の出版コンテンツに影響を与える」ことになる[37]。このようにメディア協力協定を締結することで、中国は追加的な資金提供を行うとともに、パートナーシップや交流も行っている。これにより中国は、メディアによる中国批判を阻止し、権力者を綿密に調べ上げる民主主義的スタイルの「番犬《ウオッチドッグ》ジャーナリズム」とは全く異なる、代替的なメディアモデルを推進している[38]。

オーストラリアの中国専門家であるジョン・フィッツジェラルドが指摘するように、二〇一四年に国営のオーストラリア放送協会（ＡＢＣ）は、「中国語の番組からニュースや時事問題のコンテンツをほとんど排除するという異例の譲歩を行っていた」。[39] 二〇一六年四月にマルコム・ターンブル首相が中国を訪問した際には、ＡＢＣは人権や南シナ海問題などのデリケートな問題を扱う「自社の解説記事の中国語訳まで検閲した」という。[40] 翌月中国は、オーストラリアの民間メディアコングロマリットとの間で、「ネットワークテレビや著名な出版物で中国共産党のプロパガンダを流す」ことに同意する六件の契約を締結している。[41] さらに、中国共産党の中央宣伝部は、中華系オーストラリア人コミュニティに対するメディアのコンテンツを全面的に管理する権限を与えられている。[42] オーストラリアの中国語メディアにおいて、中国当局は、ゲストや電話を掛けてきた人たちさえも入念に審査し、中国政府の見解と一致しているか確認している。現在のオーストラリアでは、ＢＢＣの中国語放送はすでになくなっており、中国国営ラジオから生中継される中央宣伝部の「声を補完した地元の雑談のみが、事実上、これらの局で聞くことができるもの」となっている。[43] オーストラリアの中国語出版メディアでも、同様の検閲が行われており、中国での「不動産、教育、専門サービスのビジネスチャンス」と引き換えに、北京の言いなりになるオーナーが増えている。[44] また、中国政府に批判的な出版物、とくに中国で禁止されているスピリチュアル・ムーブメントである法輪功に関連する出版物を掲載しないようにと、大小の出版社に圧力が掛けられている。

海外の中国語メディアを支配しようとする中国の戦略において、オーストラリアは最先端に位置してはいるが、決して特別な例ではない。アメリカでは、買収や新メディア設立による既存メディアの吸収によって、「中国は、かつて中華系アメリカ人のコミュニティに貢献していた数多くの独立系中国語メディアのほとんどを排除してしまった」[45]。

大学

中国は、協力協定や交流を通じて、そしてとくに約五二五ある孔子学院のグローバルネットワークを中心に、世界中の大学に対する影響力を強めている[46]。中国教育部内の組織であり、中国共産党の対外宣伝部門とつながりのある「漢弁《ハンバン》（中国国家対外漢語教学領導小組弁公室の略語）」が資金提供と指導を行い、中国語や中国文化の学習を促進するとともに、中国政府の方針を伝えている。

資金援助に加えて、各孔子学院には、講師や教材を提供する中国のパートナー機関が割り振られている。アメリカの名門大学では、この関係は単なる資金提供と儀礼的な付き合いに過ぎないかもしれない。しかし、中国の資金を切実に必要としているところでは、その影響は大きい。こうした大学の孔子学院は、一九八九年の天安門事件やチベット問題、人権問題など、デリケートな問題を扱う講演者やテーマを制限することがある。「孔子学院を設立する契約のほとんどは、機密保持条項を設定し、中国政府の政治目的や慣行に対する許しがたい譲歩をしている」と、全米大学教授協会は二〇一四年に警告している。北米の大学は、孔子学院に教職員の採用と管理、カリキュラムの選択、議論の制限を認めることで、中国の国家的アジェンダ推進を容認してしまっている[47]。同様の懸念は、オーストラリア、ヨーロッパ、ラテンアメリカでも提起されている。学問の自由と透明性が損なわれたとして、

「少なくとも四カ国の七校」が孔子学院を廃止した。アメリカでも、同様の動きが拡大している。(48)

また、「政治的に問題があると中国政府が判断する内容の執筆や発言を行う研究者やジャーナリストなど」の入国を拒否することで、中国は批判的な報道や分析を抑止しようとしている。(49) 二〇一四年七月に北京に降り立ったインディアナ大学の歴史学者エリオット・スパーリングは、ウイグル人の人権擁護反体制派人物であるイリハム・トフティへの支持を表明したと見なされ、強制送還された。また、アメリカの著名な中国研究者であるアンドリュー・ネイサンとペリー・リンクは、一九八九年の抗議活動に関する中国の秘密文書をまとめた『天安門文書』を二〇〇一年に編集・出版した後、中国への渡航を禁止された。独立系の外国特派員やニューヨーク・タイムズ紙、ブルームバーグ紙のような報道機関も、ブラックリストに載せられたり、中国での活動を妨害されたりしている。

中国がより強力になるにつれて、中国のシンクタンクは党の方針を推進する任務を任されるようになり、海外の学者たちはそれに適応しなければならないという圧力を感じている。(50) デイヴィッド・シャンボーが指摘するように、「中国のプロパガンダ機関と同様に、中国の検閲機関もグローバル化している。そして、その影響が現れ始めている。やっかいな傾向として、海外の中国研究者は、中国を訪問し続けることができるか心配し、自己検閲をますます強めている」。(51)

とくに問題となっているのは、中国学生学者連合会である。この連合会は、アメリカに留学している約三五万人の中国人学生を含む海外の中国人学生を、アメリカに一五〇、フランス、ドイツ、イギリスに二百ほどある大学支部のネットワークを通じて結びつけ、支援している。これらの支部は、キャンパス内のありふれた社交クラブとして機能していることが多いものの、透明性の欠如、中国大使館や領事館との金銭的なつながり、中国政府見解の代弁、中国政府への批判を抑制するための定期的な取り組みなどから、物議を醸している。また、キャンパス内での活動を監視し、チベットや人権問題などのイベントを中国当局に知らせたり、「非愛国的」な中国人学生や研究内容を政府に報告したりしているとも言われている。

アメリカの大学に通う中国人学生の中には、自分の意見を述べたことで嫌がらせを受けた者もいる。二〇一七年五月にメリーランド大学の卒業式で演説を行った大学四年生の中国人、楊舒平は、アメリカの澄んだ空気と政治的開放性を称賛し、「民主主義と自由は、そのために戦う価値のある新鮮な空気だ」と宣言したことで、中国のソーシャルメディアで非難された[52]。中国学生学者連合会（およびその大学支部を支援、指導している中国大使館と領事館）が「反中」活動への抗議を指示するなど、海外の中国人学生の言動を検閲・統制しようとしている、と言論の自由を擁護する人々は批判している。カリフォルニア大学サンディエゴ校が二〇一六年の卒業式の講演者にダライ・ラマを選んだ際には、同連合会の地元支部（ロサンゼルスの中国領事館と連携していることを認めている）が、同大学に対して「厳しい措置」を取ると脅迫した[53]。

ビジネスと政治

中国による莫大な海外投資は、中国の経済的な影響力を拡大するだけではない。現地の有力者を富ませることで、政治的に価値のあるパートナーシップをも構築している。

オーストラリアと同様、イギリス、フランス、ドイツでも、元政府高官が退任後に中国の利益につながる儲かる仕事を見つけている[54]。このような怪しげな取引は、民主主義国でも政治や外交政策のあり方を変えつつある。たとえば、ポピュリストであるチェコ共和国大統領ミロシュ・ゼマンは、中国に対する「チェコの前向きな態度」と引き換えに、チェコの企業が中国でビジネスを展開するのに重要な認可を確保した[55]。そして、大物政治家の葉簡明が率いる中国の石油・金融サービスコングロマリットであるＣＥＦＣチャイナ・エナジー社は、「チェコ大統領府とＣＥＦＣの間で高官を行き来させ、チェコでの莫大な買収を始めた[56]。カネが入ってくるようになると、ゼマンは「中国の有力な支援者」となり、台湾に対する北京の主張を支持し、「一帯一路構想」を賞賛するようになった、とニューヨーク・タイムズ紙は報じている[57]。ゼマンは、「チェコの外交政策をＥＵ支配から解放した」と主張し、中国の軍部と強いつながりを持つ葉を経済顧問に任命した[58]。

ヨーロッパ各地で「中国の資金を呼び込みたい、あるいは世界的な認知度を高めたい」と考える政治家や知識人の間で、中国は影響力を強めている。それゆえに、ある重要な研究が指摘するように、ヨーロッパ各国は、「中国側の機嫌を取るために『先制的服従』の形で政策を調整する傾向が強まっている」[59]。中国の投資がギリシャに流入し、港湾都市ピレウスを「地中海で最も忙しい港」に一変させると、ギリシャは、中国の人権問題や南シナ海での侵略を非難するＥＵ決議を繰り返し妨害するようになった[60]。

チャイナカードは、中東欧の権威主義的なポピュリスト支配者の利益にとっても都合が良い。成功している権威主義モデルの存在を示すことで、自由民主主義への信頼を低下させ、EUが深刻な制裁を行わないよう警告するための、非リベラルなポピュリストの手段となっている。

また、中国の外交官やジャーナリストは、「ドイツのための選択肢」のようなヨーロッパの新しい極右政党にも接触している(61)。そして、中国はラテンアメリカ各地で、政党、政治家、役人などの指導者たちと精神的なつながりを築き、旅行、交流、その他の支援を惜しみなく提供して、「中国の大義を代表する事実上の大使」として「影響力のある人々」を獲得しようとしている(62)。

中国の巨大な市場と経済力は、中国に非常に大きな影響力を与えている。アメリカをはじめとする西側諸国の企業に対して、台湾やチベットの地位に関する中国共産党の方針に従うよう圧力をかけたり、その国の対中政策に影響を与えさせたりしている。同時に、欧米諸国における中国企業の存在感の高まりは、知的財産の獲得をはじめとするさまざまな戦略目的の達成を可能にしている(63)。

慈善団体

近年、中国の個人富裕層や政府・共産党に関係する財団からの慈善寄付が、驚くほど拡大している。このような寄付は、中国のシャープパワーを展開する新たな手段となっている。これらの寄付には必ずしも明確な政治的意図が伴うわけではないが、そのような多額の資金提供を受けることで、自己検閲が促されることになる。

現在、この分野で主導的な役割を果たしているのは、「アメリカの機関に研究助成金を提供することで、中国政府の立場を促進する」、中米交流基金である。(64) その創設者は、香港の元行政長官で、中国共産党幹部と密接なつながりを持つ億万長者であり、現在は中国人民政治協商会議（政府の権威ある諮問機関）の副主席を務めている董建華である。董は、同基金が中国共産党のエージェントであることを否定しているが、ベサニー・アレン＝エブラヒミアンがフォーリン・ポリシー誌で指摘しているように、「同基金は、人民解放軍と協力してプロジェクトを行っており、中国大使館が用いているのと同じワシントンの広報会社を使っている」。アメリカでは、同基金は外国エージェントとして登録されている。(65) 二〇一八年一月にテキサス大学は、テッド・クルーズ上院議員をはじめとする中国批判派の圧力を受け、同大学に新設される中国センターに同基金が資金を提供するという申し出を断っている。

二〇一七年にニューヨークでは、中国最大規模で、最も不透明であり、かつ多額の負債を抱えるビジネスコングロマリットであるＨＮＡグループが、慈善財団を設立した。(66) 設立された海南慈航慈善基金は、推定一八〇億ドルの資産を持ち、アメリカで二番目に大きな財団となる予定であった。しかし、その所有構造は非常に不透明で（中国政府や共産党のフロント企業が資金源ではないかと多くの観察者は推測している）、この財団はアメリカでは免税資格を得ることができず、申請もしていない。(67) ドイツの元副首相が率いるこの財団は、ハーヴァード大学とマサチューセッツ工科大学への大規模な寄付を約束し、今後五年間で二億ドルの寄付を行うとしている。(68) 世界最強の独裁国家に対する寛容な考えを育むためには、このような大金が必要なのである。

人気コンテスト

何十年もの間、アメリカの政治家たちは、自分たちのモデルである自由民主主義と開かれた市場経済が、独裁と国家資本主義という中国のモデルよりも、世界中の人々にとってはるかに魅力的であると考えてきた。しかし最近では、それがますます通用しなくなってきている。

ピュー・リサーチ・センターは、二〇一七年に調査を行った三六カ国の間で、世界における中国とアメリカの好感度の差が縮小していることを発見した。アメリカに対する好意的な見方は、二〇一四年から二〇一六年の調査では平均して六四％だったのに対し、二〇一七年には五〇％にまで減少した。一方、中国に対する好意的な見方は、五二％から四八％へとわずかに減少しただけであった。オーストラリア、オランダ、スペインでは、中国に対する好意的な見方が、アメリカに対する好意的な見方を十％以上上回っている。カナダ、ドイツ、フランス、イギリスでは、アメリカと中国に対する好感度の差は、五％以内に収まっている。アメリカが明らかに大きく優位にあるのは、イタリア、ポーランド、ハンガリーのみである。しかし、イスラム教徒の多い中東の四カ国や中南米の国々（メキシコ、チリ、ペルーなど）では、今や中国がアメリカよりも好感を持たれている。このような変化の多くが、ドナルド・トランプの大統領としてのパフォーマンスに対する嫌悪感から来ていたことは疑いようもない(69)。しかし、中国が友人を獲得し、人々に影響を与えるために行ってきた忍耐強く、資源豊富な努力も、実を結んでいる。

それはとくにアジアで明らかである。二〇一四年から二〇一六年にかけて、「アジア・バロメーター」（東・東南アジアの世論調査プロジェクトのコンソーシアム）が調査した十二カ国では、平均して五十％の人々が、この地域で最も影響力のある国として中国を選んだ。他方、アメリカを選んだのはわずか三十％であった。アジアでは、アメリカの影響力を肯定的に見ている人は（平均して）七四％であるが、中国の影響力を肯定的に見ている人も五八％おり、中国も肯定的な範囲にいる。

アフリカにおける中国の躍進は、アフリカの三六カ国で同様の調査を行っている「アフロバロメーター」で確認できる。二〇一五年には、平均して三一％のアフリカ人が、アメリカが最も優れたモデルであると考え、四分の一が中国モデルを選んだ（この調査は、人種差別をあからさまにアピールし、二〇一八年一月にアフリカ諸国を「肥溜めのような国々」と表現したトランプの当選前に行われた(70)）。アフリカ全体では、国民の三分の二が、インフラ整備や企業投資などにますます活発な中国の経済活動が自国の経済に「かなり」あるいは「ある程度」影響を与えていると回答し、六二％がその影響を肯定的に捉えている。アフリカの人々は一般的に民主主義を強く支持しているが、世界で最も強力な権威主義体制に接近しつつある。

中国の新たな力

中国の影響力が増大するのと同様に、経済力や軍事力といった中国の力を測定する伝統的な尺度の点でも力の増大が見られる。中国の経済規模は、必然的にアメリカを上回ることになる（中国の四分の一の人口しかない国が、中国の四倍以上の経済規模を永遠に維持し続けることは不可能である）。アメリカやヨーロッパは、一人当たりの経済規模では数十年は中国よりも豊かなままであろうが、二〇五〇年には中国の経済規模はアメリカの一・五倍になっているかもしれない。中国の富の拡大は、必然的に中国のパワーを増大させる。

アメリカは世界で最も強力な軍事力を保有しているが、そのバランスは急速に変化している。「中国は過去十年間で国防費をほぼ五倍に増やした」と、ワシントンの独立系シンクタンクである戦略国際問題研究所は、二〇一八年の報告書で指摘している。中国の軍事費は現在、ロシアの二倍以上となっており、日本、韓国、フィリピン、ベトナムの防衛費の合計を上回り、アメリカに次ぐ規模となっている。[71] 中国はまた、アメリカの空母を沈めることが可能な高性能の対艦ミサイルを含め、アメリカを太平洋に追い出し、中国をアジアの支配的な軍事力にすることを目的とした、空、海、衛星の能力を盛んに構築している。[72] ニューヨーク・タイムズ紙のスティーヴン・リー・マイヤーズは、中国はすでに「アメリカにとって最も重要な場所、つまり台湾周辺海域や係争中の南シナ海において、アメリカの軍事的優位に挑戦することができる」と記している。[73]

中国の経済成長と軍事的拡大は、技術的優位の追求と密接に関連している。中国は、国家産業戦略である「中国製造二〇二五」のもと、人工知能、スーパーコンピューター、クラウドコンピューター、ロボット、ドローン、電気自動車、バーチャルリアリティ、ブロックチェーン、遺伝子編集、バイオテクノロジーをはじめとする最先端の変革的技術で、世界的な優位を獲得しようと積極的に取り組んでいる。[74]

中国は、これらの技術を追求するために、産業スパイやサイバー窃盗、アメリカの科学技術系大学院への大量の学生派遣、アメリカやヨーロッパの技術系スタートアップ企業への投資など、あらゆる手段を駆使している。広大な中国市場に参入するための条件として、外国企業に技術移転を迫ることさえある。[75]このようなアメリカのハイテク技術の盗用、利用、移転強要が、トランプが二〇一八年半ばに中国に対して懲罰的な関税を課した主な要因であり、これは中国の覇権主義的な野心に懸念を抱く多くのアジア人を喜ばせることとなった。

また、中国は、盗用した技術や買収した技術を基盤とするなどして、急速に独自の科学的ブレイクスルーを起こしている。中国の研究開発費は、数年前の二・一％から、現在ではＧＤＰの約二・五％にまで上昇している。アメリカにおける官民セクター全体としての研究開発費は三～四％と高めではあるが、アメリカ政府による研究開発費の割合は、一九六〇年代の二％から現在では〇・七％にまで減少している。

未来の技術を手に入れようとする中国の絶え間ない綿密な作戦によって、いつの日かアメリカの軍事的優位性は失われるだろう。それは、われわれが想像するよりもおそらく早くやってくる。すでにアメリカとアジアの同盟国は、反撃することが難しくなっている。中国は絶えず力を蓄え、思うがままに動いている。中国が二〇一三年に宣言した防空識別圏は、韓国と日本の領空に重複しており、今やこの地域における既成事実となっているように思われる。中国よりもフィリピンにはるかに近く、戦略的な係争地であるスカボロー礁を二〇一二年に中国海軍が占拠したことも、同様である。また、中国が係争中のスプラトリー諸島の岩礁を大胆に浚渫して人工島を作り、その上に戦略爆撃機の対応が可能な滑走路を含む軍事基地を建設していることも同様である。中国は、南シナ海を支配すべく突き進んでいる。裴敏欣が指摘しているように、その狙いは、「東アジアの国々に対し、中国がこの地域で最も強力なプレーヤーであり、アメリカは頼りにならないと示す」ことにある。(76)

現在、中国は世界で最もダイナミックなパワーを保有している。海外の政治家やコメンテーターの中には、影響力を獲得して支配権を得ようとする中国の強引な試みを嫌う者も多く、中国のこうした試みは実際多くの場合、新しい形の植民地主義に等しい。しかし、多くの人々はまた、カネ、権力、野心、そして単に成功への憧れから、中国側に引き込まれている。

中国とロシアはともに、第二次世界大戦後の歴史における画期的な転機を利用している。第二次世界大戦後、ハリー・トルーマン大統領、ディーン・アチソン国務長官、そして勝利を収めた民主主義同盟によって慎重に構築されたリベラルな制度体系は、ひどくひび割れている。アメリカとヨーロッパは、世界銀行や国際通貨基金のような組織をいつまでも支配することはできない。そうすれば、これらの組織は空洞化し、中国が強力な対抗組織を設立することになるだろう。

だからこそ、二〇一六年に締結された環太平洋十二カ国の自由貿易協定である環太平洋パートナーシップ協定（ＴＰＰ）は、非常に先見性があり、必要なものであった。ＴＰＰは、経済統合を進め、優れた労働基準や環境基準を提供しただけではない。中国の重商主義ではない透明性の高いルールに支配されたアジアの新しい経済・政治秩序を構築するための戦略であり、しかも、アメリカの重要な指導的役割を維持するものだったのである。トランプ大統領によるＴＰＰ離脱の決定は、第二次世界大戦後にリベラルな世界秩序が形成されて以来、アメリカのグローバル・リーダーシップにとって最も痛ましい自傷行為であった。トランプのＴＰＰ離脱は、権威主義的な中国への巨大な贈り物であり、民主主義を望む東南アジアに対するボディーブローでもあった。それはまた、中国の台頭とアメリカの凋落の見事な象徴であり、促進剤でもあった。二十世紀の世界政治を支配した偉大な民主主義国が後退する一方、二一世紀の世界政治を支配しようとする偉大な独裁国家は、自国がどれほど幸運かと驚いている。

第8章 民主主義への信頼は失われているのか？

普遍的価値があるということは、どこにいてもそれに価値を見出す理由があるということだ。

――アマルティア・セン(1)

専制主義が台頭している。それだけでなく、今や専制を実際に行っている者たちは、これが現代の道徳的・文化的精神を体現しているとさえ主張している。アジア、アフリカ、ラテンアメリカ、中東、さらに西側民主主義国の一部でさえ、権威主義的な国家主導資本主義の「中国モデル」のうねりが今後やってくる、と主張するエリート層が増加している。わずか二世代で国を極貧状態から富裕へと導いた強権的政治家であるシンガポールのリー・クアンユーの先例にならい、今日の専制支配者らは、急速な経済発展には自由よりも秩序が必要であり、非西洋文化には自由民主主義よりも専制的な支配のほうがはるかに適していると主張する。

しかし、この主張は、実際に専制支配者に統治されている市民が同意していることなのだろうか。そして、既存の民主主義国の市民は、こうした権威主義の挑戦をどのように見ているのだろうか。人々は民主主義への信頼を失いつつあるのだろうか。

簡単に言えば、答えは「ノー」である。どの大規模世論調査においても、独裁政権に好意的な世論の高まりは見られない。

しかし、だからといって安心はできない。アメリカとその仲間の民主主義諸国では、民主主義に対する疑念が高まっている。また、権威主義という選択肢を支持する人も増えており、困難に直面した際、非リベラルなポピュリストが自由を侵食すべくこうした人々を動員する可能性がある。

ブラジル、メキシコ、フィリピン、チュニジアなど、犯罪や汚職を抑制する上で民主主義が十分に機能していない国では、この不気味に迫る危険が顕著に見られる。しかし、民主主義が確立されている国では、市民の圧倒的多数が現在も、民主主義を最良の統治形態であると考えている。専制政治がアジアやイスラムなどの非西洋的価値をよりよく反映しているとか、貧しい人々は生きることに精一杯で自由など気にもとめないなど、専制政治家が利己的に用いる文化論的主張もある。しかしこうした主張は、山ほどある民主主義のエビデンスと一致しない。実際、世界で最も貧しい大陸であるアフリカの人々に目を向ければ、民主主義のみならず、多くのリベラルな価値観や、支配層に対する制度的なチェック機能に対して、驚くほど高いレベルの支持を示している。また、依然として民主主義の砂漠ともいえるアラブ世界においてさえ、民主的で説明責任のある政府が広く望まれていることを、データは示している。

今日の民主主義に対する主たる脅威は、人々の価値観や意見ではなく、支配者（選挙で選ばれた多くの支配者も含む）の腐敗と権力欲であり、議会や裁判所の監視制度の弱さである。

人々の意見を理解せずに、人民の政府（government by the people）について書籍を執筆することは困難である。他方、これまでさまざまな調査が異なる機会に異なる方法で実施されてきたため、世界の民主主義観を包括的に把握することは容易ではない。とはいえ、それらのデータは、強力なストーリーを物語っている。すなわち、指導者が経済的な進歩をもたらし、民主主義の原則と法の支配を尊重して統治を行えば、世界中の人々は専制の誘惑に抵抗し、民主主義を受け入れることができるのである。

アメリカ人は何を考えているのか？

政治学者のロベルト・フォアとヤシャ・モンクは、ジャーナル・オブ・デモクラシー誌に掲載された二〇一六年の挑発的な論文において、専門家が長年抱いてきた仮定――欧米先進工業国の民主主義は盤石である――に異議を唱えている。主要な政治勢力が非民主的手段を用いて権力を獲得しようとせず、民主主義が広く深い正統性を持っており、民主主義の規範やチェック・アンド・バランスを骨抜きにしようとする指導者が必ず罰せられるのであれば、政治学者は民主主義が定着していると呼ぶ。このような幸福な状況下では、民主主義は市井における唯一の競争手段（only game in town）となる。しかし、民主主義が真に強靱であるためには、エリートのみならず、主要政党、利益団体、そして一般大衆の間でもこのコンセンサスが浸透していなければならない。民主主義が最良かつ最も公正な統治形態であるとの無条件の信頼が、樫の大樹のように民主主義を根付かせるのである。(2) そして、現在弱体化し始めているのはまさにこの信頼である。フォアとモンクはそう論じたのである。(3)

フォアとモンクは、二十年以上にわたってアメリカとヨーロッパの民主主義に対する市民の態度を追跡調査し、欧米世論に「民主主義の正統性の危機」が生じていると警告した。「民主主義が定着していると見なされている北米や西欧の国の人々は、政治指導者に対する批判を強めているだけではない」という。「むしろ、政治システムとしての民主主義の価値について、よりシニカルになり、自分たちの行動が公共政策に影響を与えるという期待感も薄れ、権威主義という代替案への支持をより積極的に表明するようになっている」、と述べている。(4)

最近の調査結果を見ると、フォアとモンクの議論は部分的にのみ妥当と言えるが、重大な懸念材料であることに変わりはない。まずは、アメリカに目を向けてみたい。二〇一七年七月、私は他の研究者たちとともに、独立超党派の「民主主義基金投票研究グループ」に参加し、アメリカ人五千人の代表サンプルを対象に、民主主義に関する意識調査を行った。(5) そこから得られた良いニュースは、アメリカの世論が、依然として圧倒的に民主主義を最良の統治形態として支持していることである。サンプルの約八六％が民主主義を良い制度または非常に良い制度であると回答し、八二％が民主主義のもとで生活することが非常に重要であると答え、七八％が民主主義はつねに「他のどの種類の政府よりも好ましい」と答えている。ワシントンの分極化や機能不全にもかかわらず、アメリカ人は民主主義に対して思ったほど幻滅してはいなかったのである。アメリカ人の十人に六人は、アメリカにおける民主主義の機能に少なくともある程度は満足しており(6)、これは他の先進民主主義国と比較しても遜色がない。

しかし、悪いニュースも見つかった。民主主義への支持についての上記の三つの質問に加えて、二〇一七年の調査では、「議会や選挙にわずらわされることのない強力な指導者」と「軍による統治」という、二つの権威主義的な選択肢に対する人々の感情も測定した。その結果、四分の一近くのアメリカ人（二四％）が、強力な指導者を望んでいることが判明したのである。これはフォアとモンクが二〇一一年に行った調査よりも大幅に少ない数字ではあるが、ピュー・リサーチ・センターが二〇一七年に行った三八カ国の調査で示された、カナダ（十七％）、フランス（十二％）、ドイツ（ナチスの過去に対する苦い記憶も手伝って六％）など(7)、いくつかの民主主義国の数値よりも高い。

さらに、アメリカでは軍政への支持率が着実に上昇しており、一九九五年の八％から二〇一七年には約十八％となっている。これは、カナダ（十％）やドイツ（四％）よりもはるかに高いだけでなく、イスラエル（十％）や韓国（八％）など、軍隊に大きく依存している民主主義国よりも高い数字である（ただし、投票研究グループによる綿密なインタビュー調査によると、アメリカの回答者は「軍による統治」を、憲法を停止して軍が直接統治することというよりも、軍が法と秩序を維持することと捉えているようである)。

他にも、いくつかの不穏な傾向が水面下に潜んでいる。第一に、アメリカ人の民主主義に対する支持は、われわれが期待していたほど強固ではなかった。二〇一七年の投票研究グループの世論調査で尋ねた五つの質問(民主主義に関する質問三点と、権威主義的な選択肢に関する質問二点)のすべてにおいて、民主主義を一貫して支持していたのは半数をわずかに超える五四%に過ぎなかった。実際、二八%もの人が、五項目のうち少なくとも二項目で非民主的な回答をしている。

さらに悪いことに、民主主義に対する市民のアンビバレンスと敵意は、現在の大きく分断された政治に巻き込まれている。もちろんこれまでにも、アメリカは非リベラルな感情の波に耐えてきた。どれだけのアメリカ人が一九三〇年代に独裁者を支持し、一九五〇年代に反共主義者のヒステリーを支持していたかはわからないし、その数は今日よりも多かったかもしれない。しかし、これらの時代には、多くの困難があったにせよ、民主主義へのコミットメントが深く疑われるような大統領は存在しなかった。その点で、ドナルド・トランプはアメリカの民主主義に前例のない危機をもたらしており、その危機はわれわれのデータ上に重大な傾向として表れている。

二〇一六年の大統領予備選で投票したアメリカ人のうち、トランプを支持した人は、他の主要政党候補者の支持者よりも、「強力な指導者」に肯定的であった(三二%)。トランプ以外を支持した人のうち、「強力な指導者」を求めたのは、いずれも二十%以下であった。二〇一六年の総選挙でトランプに投票した人々は、ヒラリー・クリントンに投票した人々に対して約二倍近くの割合で「強力な指導者」を支持していた（二九％対十六％）。そして、二〇一二年にバラク・オバマに投票したが、二〇一六年にはドナルド・トランプへ投票するに至った人は、最も権威主義的な傾向が強かった。オバマからトランプへ転換した投票者のうち、四五％が「強力な指導者」を支持するという驚くべき結果となっている。

このようなパターンは海外でもよく見られ、政治的に右派の市民は左派の市民よりも権威主義的な選択肢を支持することがよくある。たとえば、イタリアではシルヴィオ・ベルルスコーニが率いる中道右派「フォルツァ・イタリア」の支持者や、イギリスでは排外主義的なイギリス独立党の支持者が、それぞれ国内で他の人々よりも「強力な指導者」を支持する選択肢を選んでいる（四十％以上）。外国人を嫌悪する国民戦線に共感するフランス人も、他政党の支持者よりもはるかに軍政を支持している。

トランプのアメリカでは、このような専制主義的な態度が、極端な党派政治やイデオロギーの二極化とますます交差するようになってきている。トランプ政権下において、共和党員は民主党員よりも「強力な指導者」を支持する割合が高かった（三二％対二一％）。保守であると自認する人々は、リベラル派の二倍以上の確率で「強力な指導者」を支持する傾向がある（三〇％対十三％）。また、サンプルを（中絶、同性愛者の権利、人種、宗教などの問題に対する考え方に基づいて）文化的な保守派、穏健派、リベラル派に分類すると、強権的政治家を支持することについて、文化的保守派とリベラル

派の間のギャップはさらに広がり、約二十ポイントも差があった。(8)

現在のアメリカでは、人種差別と宗教的不寛容が、専制政治への支持と強い相関関係にあることがわかっている。憂慮すべきは、アメリカ人の六人に一人が、アメリカ人であるためにはヨーロッパにルーツがあることが重要であるという、人種的な、あるいは明らかに古い人種差別主義的なアメリカ人アイデンティティの見方を受け入れていることである。こうしたアメリカ人は、ヨーロッパにルーツがあるか否かは「全く重要ではない」と答えた人に比べて、「強力な指導者」を支持する傾向が四倍も高く、民主主義そのものに疑問を持つ傾向も強い。

モスクの監視強化やイスラム教徒を標的にした空港での検査に賛成するアメリカ人にも、同様の憂鬱すべきパターンが当てはまる。このように回答する人は、宗教的プロファイリングに強く反対する人よりも、「強力な指導者」を支持する傾向が三倍も高い。(9) これらの人々は、文化戦争という言葉を口にしたり、反イスラム教徒感情を煽ったり、白人至上主義者を明確に非難することを拒否したり、カリフォルニア州選出のマキシン・ウォーターズ下院議員からバスケットボールのスター選手レブロン・ジェームズまで、アフリカ系アメリカ人の批判的知識人層を攻撃したりする際に、トランプが動員する隠れた支持層である。(10)

さらに、トランプ政権下における党派性は、大統領の権力へのチェック・アンド・バランスに対するアメリカ世論の支持をますます低下させている。圧倒的多数のアメリカ人は、現在も、大統領は裁判所（九一％）、議会（八一％）、メディア（七五％）によって監視され、説明責任を負うべきだとしている。しかしトランプ支持者は、批判者に比べて、大統領の権力に対するこうしたチェックを支持していない。トランプを支持するアメリカ人は、反トランプ派のアメリカ人に比べて、大統領への議会の監視に反対する割合が九倍（三六％対四％）で、大統領へのメディアの監視に反対する割合が十倍（四八％対五％）、大統領が「間違っていると思う法律や裁判の判決に縛られるべきではない」と考える割合が五倍（一五％対三％）にもなっている。

アメリカと他の主要な民主主義諸国の両方に共通する最後の不安な傾向は、教育レベルの低い人ほど、権威主義的な選択肢を支持する傾向が強いということである。[11]

アメリカ世論に見られるこうした騒動は、われわれが歴史的に特殊な瞬間にあるがゆえに、とりわけ懸念すべきものである。[12] 民主主義的規範を試し、破壊しようとしているのは、トランプだけではない。多くの先進工業民主主義国において、移民やマイノリティをターゲットとしたデマゴーグが率いる非リベラルなポピュリズムの波が押し寄せている。世論調査のデータは、人種や移民をカードとして利用する政治家と、「リーダーに従う」ことを選ぶ市民との間に、強い親和性があることを示している。移民、グローバリゼーション、所得格差、経済不安など、自分たちの手に負えない地殻変動に危機感を抱く有権者が増えるなか、トランプ、ヴィクトル・オルバーン、マリーヌ・ルペンなどの非リベラルなポピュリストたちは、自分はただ有権者の不安に応えているだけだと主張する。しかし実際には、彼らが不安を煽っているのである。

さらに、第５章で見たように、アメリカの二大政党は、これまでと同様に競合しながら、過去百年間で最もイデオロギー的に分化し、互いに距離ができている。この力学が、極端に党派的なゼロサム政治をますます進行させている。政党支持が部族的なアイデンティティのように苛烈になると、政治的な妥協が難しくなり、穏健派が党内の過激派や規範破壊者と対峙することが非常に困難になる。このことはとくに、共和党議員に言えることである。規範を踏みにじる者が党のリーダーであり、大統領であるためである。

そしてもちろん、アメリカ世論のこの気がかりな傾向は、誤りと憎悪に満ちた過激なメッセージを瞬く間に広めるソーシャルメディアの腐敗した能力によって著しく悪化させられている。ロシアやその他の外国アクターが、アメリカの政治的分極化やプロパガンダへの脆弱性をシニカルに利用し、アメリカの民主主義を害していることも、こうした傾向を加速させている。

つまり、危険なのは、驚くほど多くのアメリカ人が民主主義の理念を放棄しようとしていることではない。問題は、民主主義政治が前例のない攻撃を受けているまさにその時に、アメリカ人の民主主義へのコミットメント水準が脆弱で党派的に見えるということである。

民主主義は富める者の贅沢品なのか？

こうしたアメリカ国内の動向には、非常に不安を覚える。しかし、地球上ではるかに恵まれない地域の世論に注目すると、大きな希望を見出すことができる。

長い間、専門家の間では、貧しい人々が民主主義に関心を持つ可能性は著しく低いと考えられていた。とくに影響力のある理論に、一九四〇年代半ばにアメリカの心理学者アブラハム・マズローが最初に提唱した理論がある。マズローは、人間の欲求には普遍的な階層があり、物質的な充足や身体的な安全性といった基本的な欲求が、承認、所属、個人的な充足といった「高次」の欲求よりも優先されると論じた(13)。長年にわたってこの理論は改良され、これを支持する論者は次のように主張してきた。つまり、貧しく混沌とした国の人々は収入と安全を重視する「生存価値」を支持する一方で、豊かな国の人々は「自己表現価値」を支持し、選択能力を重視し、多様性を尊重し、民主主義だけでなく自由と説明責任の深い構造を求める、というのである(14)。この観点から見れば、社会経済の発展が非常に強力で、社会が豊かであればあるほど、そのことが各国を「自己表現価値」の方向へと促し、結果的に民主主義へと導くことになる(15)。

近代化論として知られるこの学派は、世界の貧しい国々で民主主義が生まれても、裕福な国の民主主義に比べて文化的基盤が薄く、自由度も低くなると予想する。この理論の主張によれば、貧困地域における民主主義への世論の支持は浅くて一次元的であり、真に自由な民主主義を特徴づける自由、寛容、法の支配、チェック・アンド・バランスへのコミットメントを欠くというのである。

世論調査データに照らして、この理論はどの程度支持されるだろうか。ほとんどの裕福な民主主義国で民主主義への強い支持が継続していることを説明するには、この理論は有効である。また、経済的な豊かさと民主主義的態度との関連性を強調することで、アメリカやヨーロッパの一部で民主主義への支持が低下していることを、「所得格差の拡大と連動した実質所得の減少」の結果として説明することもできる(16)。しかし、多くの中所得国や貧困国における民主主義への市民の支持は、一般に想定されているよりも高く、広く、そして深いものであることが判明した。

まず、民主主義国の割合が最も高い発展途上地域であるラテンアメリカを考えてみよう。主要な年次世論調査であるラティーノ・バロメーターが二〇一七年にラテンアメリカ十八カ国で行った調査によれば、「民主主義は問題含みではあるが、最良の統治システムである」という命題(ウィンストン・チャーチルに触発されたもの)には、どの国でも大多数の人々が引き続き賛同している。平均すると六九%がこの意見に賛成しており、その割合はメキシコの五四%からウルグアイの八四%までとなっている。

この地域平均は、七九%を記録したピーク時の二〇一三年以降、十ポイント低下している。この背景には、ラテンアメリカ地域において民主主義のパフォーマンスに対する人々の満足度が着実に減少していることが挙げられる。メキシコ、コロンビア、ペルー、ブラジルでは、暴力や汚職などの問題が慢性化しており、民主主義の機能に満足している市民は二十%にも満たない。ブラジルでは、自国が「少数の権力者集団」の利益のためではなく、万人の利益のために統治されていると考えている人の割合は、わずか三%である(17)。

東アジアの先行きは、より不透明な状況にある。この地域については、私も携わっている定期的なアジアン・バロメーターの世論調査データがある(18)。この地域の豊かな民主主義三カ国(日本、韓国、台湾)と中所得層の民主主義四カ国(インドネシア、モンゴル、フィリピン、タイ)を比較すると、近代化論者が予期していた民主主義への支持は、思ったよりも浅いことがわかる。最富裕国から最貧国まで、これらの国では、抽象的には圧倒的に民主主義が評価されている。二〇一四年から二〇一六年の平均では、これら国々の八九％の人々が、「民主主義は問題含みではあるが、最良の統治システムである」というわれわれの命題に同意している。しかし、権威主義的な代替案について質問すると、東アジアの繁栄していない国の人々は、曖昧な答えをするか、より悪い答えをする傾向がある。「議会や選挙を廃止し、強力なリーダーに物事を決定させるべきか」という質問に対しては、高中所得国のタイと低中所得国のフィリピンでは、三分の一がこの強権的政治家タイプの統治を支持している。フィリピンでは二〇一六年に、実際に強権的政治家の統治者であるロドリゴ・ドゥテルテが当選している。

アジアン・バロメーターはまた、表現の自由、法の支配、執政府に対する立法機関の監視といったリベラルな価値観に対するアジア人のコミットメントについても調査を行っている(19)。ここでは、「特定の考えが社会で議論されるべきかどうかの決定」を政府に任せるべきである、重要な裁判で「執政府の見解」を裁判官が受け入れるべきである、「つねに立法機関にチェックされている」政府は「大きなことを成し遂げることはできない」などといった、非リベラルな考えに賛成か反対かを尋ねている。

これらの回答には、所得水準が大きく影響しているようである。平均すると、豊かな日本では国民の四分の三、韓国と台湾では国民の三分の二が、これらの非リベラルな命題を拒否した。しかし、それほど裕福ではないアジアの民主主義国の人々の回答は、それほど確固たるものではなかった。インドネシアでは平均して回答者の五十%が非リベラルな命題に反対し、モンゴル、タイ、フィリピンでは、その割合は四十%強でしかなかった（これは、近隣四カ国の専制国家であるカンボジア、マレーシア、ビルマ、シンガポールと同程度であった）。

旧来の政治学者にとって、最も驚くべき世論を持つ地域は、世界で最も貧しいアフリカである。民主主義や表現の自由、そして法の支配といったリベラルな価値観に対する支持は、中所得のアジアよりも低所得のアフリカのほうがはるかに弱いだろうと思われるかもしれない。しかし、そうではない。二〇一六年から二〇一八年に、サハラ以南のアフリカ二二カ国で約三万人の回答者を対象に調査を行ったところ、ベナンからジンバブエまでのアフリカにおいて、高い割合の一般市民が、民主主義だけでなく、そのリベラルな要素も受け入れていることがわかった。これらの主に貧しい国々では、平均して七二%の人々が、他の統治形態よりも「民主主義がつねに望ましい」と考えている[20]。

民主主義に対するアフリカの人々の支持率は、過去一世代の間に主に民主主義を経験してきた東アジアの中高所得国七カ国の平均的な回答よりも、やや低い。しかし、アフリカ人の自治に対する熱意は、ラテンアメリカ人よりも格段に高い。また、アフリカでは独裁政権や軍事政権のもとで抑圧を受けた経験を持つ者も多く、少なくとも東アジアの人々と同程度に権威主義的な選択肢を嫌悪している。平均して、アフリカ人の八五%が個人支配を拒否しているのに対し、東アジアではその割合は六九%であった。また、アフリカも東アジアもともに、約七五%が軍事政権による支配を嫌っている。

一昔前の政治学の理論家であれば、アフリカ人が多党制、政府のパフォーマンスに対する議会の監視、そして権力者に対するメディアのチェックなど、リベラルな価値観を強固に支持していることに最も驚かされることだろう。アフリカ人の約四分の三が、自由選挙と大統領二期制を支持し、七十％が政府の不正行為に対するメディアの監視を支持している。[21] さらに、リベラルな政府の中核をなすこうした原則や民主主義そのものに対する平均的な支持率は、二〇〇五年以来、アフリカで驚くほど堅固である。

アフリカの一般市民に自国の問題は何かと尋ねると、彼らははっきりと「統治者」であると答える。二〇〇五年から二〇一六年までに四回にわたって調査が行われた一八カ国を見ても、そのパターンはつねに同じである。アフリカ人の民主主義を望む声（二〇一五年は七四％）と、民主主義が実現されているという認識（四七％）の間には、大きなギャップがある。

最後に、アラブ世界について触れておきたい。民主主義を軽視していると予想される地域があるとすれば、それはおそらく、世界で最も民主主義のレベルが低い中東であろう。二〇一一年に自由を求める民衆の反乱が起こった後、短命に終わった「アラブの春」は、小国のチュニジア以外では大敗を喫した。

しかし、別の地域調査であるアラブ・バロメーターのデータからは、民主主義に対する市民の熱望と権威主義的な統治への敵意という、驚くほどアフリカと同様のパターンが見てとれる。[22] 二〇一一年に調査したアラブ十カ国と二〇一三年に調査した十二カ国では、平均して七二％のアラブ人が、かつてのチャーチルの命題（民主主義は最もましな統治システム）に賛成していた。二〇一六年にこの質問が行われた六カ国では、平均支持率はさらに高く、八一％であった(23)。アラブ人に、市民権、政治的平等、行政の説明責任を保障する民主的な制度についてより具体的に尋ねると、彼らはよりいっそう肯定的な態度を示した。二〇一三年には約八五％の人々が、そのような制度を支持していた。

アラブの人々は、政治改革は急がず段階的に進めることを強く望んでいる（平均で約七五％）。しかし、彼らは無秩序からの独裁者による救済を望んでいるわけではない。実際に、議会や選挙に左右されない「権威主義的な大統領」を拒否するアラブ人の割合は、平均して二〇〇七年の七五％から、二〇一一年には八十％、二〇一三年には八三％に増加している（二〇一六年に調査した六カ国でも同様の割合である）。この数値は、以下に示すように、他地域と比較しても非常に良い結果となっている。また、アラブ人も、イスラム主義者による独裁に対してそれほど興味を示していない。どの国でも過半数の人々が、イスラム主義者の独裁を、全く「ふさわしくない」ものと見なしている。

「アラブの春」の国々の中で、今でも民主主義を機能させようとしている唯一の国であるチュニジアでは、市民は、選出された政府に対し、腐敗が蔓延し効率性にも欠けるとの厳しい評価を下している。二〇一一年から二〇一六年の間に、民主主義は国の経済に悪影響を及ぼすと答えたチュニジア人の割合は、六分の一から二分の一に増加した。しかし、民主主義を最良な統治システムと見なすチュニジア人の意見は、同期間に七十％から八六％に増加している(24)。おそらく、一部の理論家が思っているほど、人間は性急なわけでも物質主義的なわけでもないのだろう。

地域別に見た民主主義と権威主義に対する態度

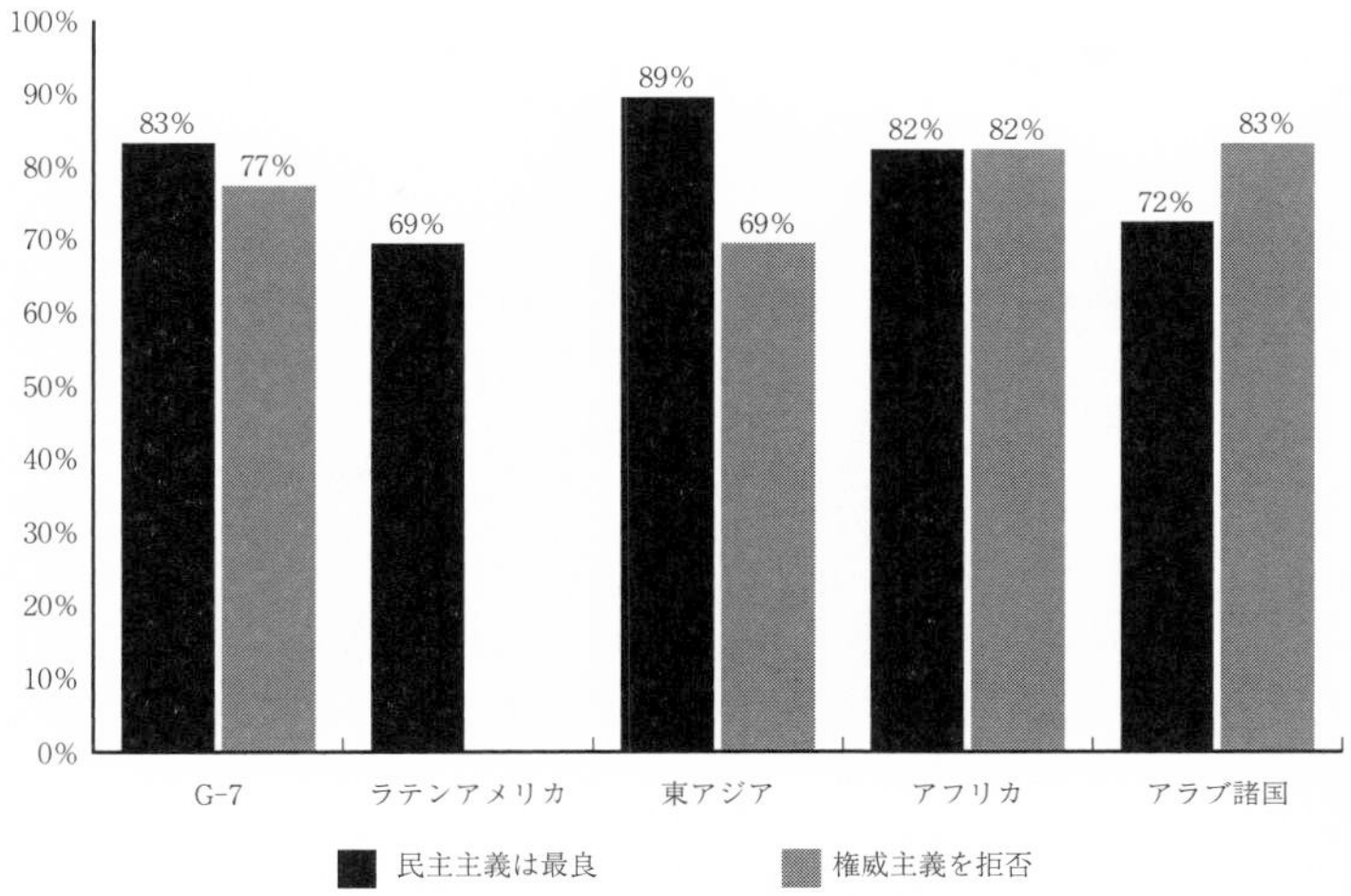

出典：ピュー・リサーチ・センター、ラティーノ・バロメーター、アジアン・バロメーター、アフロ・バロメーター、アラブ・バロメーター。

各地域のパターンを簡単にまとめると、民主主義は普遍的価値である、と言える。調査対象となった世界のすべての地域において、多数または圧倒的多数の人々が、民主主義は最良の統治形態であるのみならず、責任を負わない強権的政治家は望ましくないという見方を示している。実際、独裁的ではないにしても民主主義に無関心だと思われがちな地域も、アメリカ、イギリス、フランス、日本のような豊かなＧ７民主主義国とほぼ同程度の平均値で民主主義を支持し、強権的政治家による統治を拒否していることがわかった[25]。

市民の信念

世界の世論調査データを総括すると、明確な、そしておそらく驚くべきメッセージが見えてくる。つまり、民主主義の最大の敵は貧困ではない、ということである。アフリカやカンボジア、ビルマなどといったアジア諸国の貧しい人々は、民主主義を望んでいる。そして、支配層エリートのためではなく、自分たちのために機能する民主主義を望んでいるのである。[26] 発展途上国の市民は、今も権威主義の誘惑にさらされているが、それは貧しさが原因なのではなく、幻滅によるものなのである。

経済の進歩と公正さは、民主主義の発展に不可欠である。しかし、民主主義に対する市民のコミットメントを維持するための最重要条件は、リベラルな規範――透明性、説明責任、寛容さ、法の尊重、そして政治的反対勢力の重要な役割に関する主張――を権力者が忠実に守ることだということが明らかになった。これらの価値観を受け入れ、良識ある政治を行う民主主義国は、より多くの繁栄をもたらすだけではない。民主主義はこれまでに考案された最良の統治形態であるという市民の信念を、刷新することにもなるだろう。

●著者紹介

ラリー・ダイアモンド（Larry Diamond）

スタンフォード大学フーバー研究所（Hoover Institution）およびフリーマン・スポグリ国際問題研究所（Freeman Spogli Institute for International Studies）シニア・フェロー、スタンフォード大学政治学・社会学教授、民主主義・開発・法の支配センター（Center on Democracy, Development and the Rule of Law）元ディレクター。スタンフォード大学で博士号（Ph.D.）を取得。2004年にはイラク連合国暫定当局の統治担当上級顧問としてバグダッドに赴任した。

著　書　に *The Spirit of Democracy: The Struggle to Build Free Societies Through the World* (Griffin, 2009) など多数。50冊の編著・共編著があり、ジャーナル・オブ・デモクラシー誌の創設者兼共同編集者でもある。

●訳者紹介

市原 麻衣子（いちはら まいこ）〔監訳者，日本語版への序文・第1章・第14章・謝辞担当〕

一橋大学大学院法学研究科准教授。専門は国際関係論、比較政治学。ジョージワシントン大学大学院政治学研究科博士課程修了、博士号（Ph.D.）を取得。関西外国語大学外国語学部専任講師、准教授などを経て現職。

著　書　に *Japan's International Democracy Assistance as Soft Power: Neoclassical Realist Analysis* (Routledge, 2017)、『自由主義の危機――国際秩序と日本』（東洋経済新報社、2020年、共著）、『戦争と平和ブックガイド―― 21世紀の国際政治を考える』（ナカニシヤ出版、2021年、共著）などがある。

東海林 拓人（とうかいりん たくと）〔第2～4章担当〕

日本学術振興会特別研究員（DC1）、東京大学大学院総合文化研究科博士後期課程在籍。専門は国際関係論、比較政治学。

鈴木 涼平（すずき りょうへい）〔第５～７章担当〕
一橋大学大学院法学研究科博士後期課程在籍。専門は国際関係論。

杉井 敦（すぎい あつし）〔第８～10章担当〕
一橋大学大学院法学研究科博士後期課程在籍。専門は国際関係論、安全保障学。
著書に『防衛大学校で、戦争と安全保障をどう学んだか』（祥伝社新書、2014年、共著）がある。

増村 悠爾（ますむら ゆうじ）〔第11～13章担当〕
テキサス大学オースティン校大学院政治学研究科博士課程在籍。専門は国際関係論。

原　注

エピグラフ

Alexander Hamilton, *The Federalist* 1, www.constitution.org/fed/federa51.htm.

John F. Kennedy, Inaugural Address, January 20, 1961, https://www.presidency.ucsb.edu/documents/inaugural-address-2.

Madeleine Albright, *Fascism: A Warning* (New York: HarperCollins, 2018), 87.

日本語版への序文

(1) Freedom House, "Freedom in the World 2021: Democracy under Siege," https://freedomhouse.org/report/freedom-world/2021/democracy-under-siege.

(2) V-Dem Institute, "Democracy Report 2021: Autocratization Turns Viral," https://www.v-dem.net/files/25/DR%202021.pdf.

(3) Larry Diamond, "Democratic Regression in Comparative Perspective: Scope, Methods, and Causes," *Democratization* 28 (January 2021): 22-42, https://www.tandfonline.com/doi/full/10.1080/13510347.2020.1807517.

(4) Samuel P. Huntington, *The Third Wave: Democratization in the Late Twentieth Century* (Norman, OK: University of Oklahoma Press, 1991)（坪郷實・中道寿一・藪野祐三訳『第三の波——二〇世紀後半の民主化』三嶺書房、1995年）.

第１章　はじめに——危機の到来

(1) Hannah Arendt, *On Revolution* (London: Penguin, 1963), 11（志水速雄訳『革命について』ちくま学芸文庫、1995年、11-12頁）.

(2) Sinclair Lewis, *It Can't Happen Here* (New York: Doubleday Doran,

1935), 71.

(3) Jonathan Freedland, "Who Is to Blame for This Awful US Election?" *The Guardian*, November 7, 2016, www.theguardian.com/us-news/2016/nov/07/who-is-to-blame-us-election-trump#img-4.

(4) Christina Coleburn, "Donald Trump's History of Praising Dictators," *NBC News*, July 6, 2016, www.nbcnews.com/politics/2016-election/donald-trump-s-history-praising-dictators-n604801

(5) Daniel A. Bell, *The China Model* (Princeton, N.J.: Princeton University Press, 2015).

(6) Michel J. Crozier, Samuel P. Huntington, and Joji Watanuki, *The Crisis of Democracy: A Report on the Governability of Democracies to the Trilateral Commission* (New York: New York University Press, 1975), 6, 8, http://trilateral.org/download/doc/crisis_of_democracy.pdf.

第２章　民主主義が成功した理由、失敗した理由

(1) Alexis de Tocqueville, *Democracy in America* (New York: Alfred A. Knopf, 1945), vol. 1, ch. 14, 246（松本礼二訳『アメリカのデモクラシー 第一巻（下）』岩波文庫、2005年、127頁）.

(2) これは、以下を含む民主主義の条件に関するあらゆる古典的文献の中心的な洞察である。Seymour Martin Lipset, *Political Man: The Social Bases of Democracy* (Garden City, N.Y.: Doubleday, 1960)（内山秀夫訳『政治のなかの人間――ポリティカル・マン』東京創元新社、1963年）; Robert A. Dahl, *Polyarchy: Participation and Opposition* (New Haven: Yale University Press, 1971)（高畠通敏・前田脩訳『ポリアーキー』岩波文庫、2014年）; Juan J. Linz, *The Breakdown of Democratic Regimes: Crisis, Breakdown, and Reequilibration* (Baltimore: Johns Hopkins University Press, 1978)（横田正顕訳『民主体制の崩壊――危機・崩壊・再均衡』岩波文庫、2020年）.

(3) このようなタイプのシステムは競争的権威主義(competitive authoritarianism)と呼ばれる。Steven Levitsky and Lucan Way, *Competitive Authoritarianism: Hybrid Regimes After the Cold War* (Cambridge: Cambridge University Press, 2010)を参照せよ。

(4) Francis Fukuyama, *The Origins of Political Order: From Prehuman Times to the French Revolution* (New York: Farrar, Straus and Giroux, 2011)（会田弘嗣訳『政治の起源――人類以前からフランス革命まで（上・下)』講談社、2013年）.

(5) Robert D. Putnam, *Making Democracy Work: Civic Traditions in Modern Italy* (Princeton, N.J.: Princeton University Press, 1993)（河田潤一訳『哲学する民主主義――伝統と改革の市民的構造』NTT出版、2001年）.

(6) "Corruption Perceptions Index 2016," Transparency International, January 25, 2017, www.transparency.org/news/feature/corruption_perceptions_index_2016.

(7) Lipset, *Political Man*（内山訳『政治のなかの人間』）; Dankwart Rustow, "Transitions to Democracy: Toward a Dynamic Model," *Comparative Politics* 2 (April 1970): 337–63.

(8) Alex Rowel and David Madland, "New Census Data Show Household Incomes Are Rising Again, but Share Going to Middle Class Is at Record Low," Center for American Progress, September 12, 2017, www.americanprogress.org/issues/economy/news/2017/09/12/438778/new-census-data-show-household-incomes-rising-share-going-middle-class-record-low/.

(9) Eleanor Krause and Isabel V. Sawhill, "Seven Reasons to Worry About the American Middle Class," Brookings Institution, June 5, 2018, www.brookings.edu/blog/social-mobility-memos/2018/06/05/seven-reasons-to-worry-about-the-american-middle-class/.

(10) Lucian W. Pye, "Political Science and the Crisis of Authoritarianism," *American Political Science Review* 84, no. 1 (1990): 15.

(11) Alex Inkeles, "National Character and Modern Political Systems," in *Psychological Anthropology: Approaches to Culture and Personality*, ed. Francis L. K. Hsu (Homewood, Ill.: Dorsey, 1961), 195–98.

(12) Sidney Hook, *Reason, Social Myths, and Democracy* (1940; repr., New York: Cosimo, 2009), 290.

(13) Steven Levitsky and Daniel Ziblatt, *How Democracies Die* (New York:

Crown, 2018), 106（濱野大道訳『民主主義の死に方――二極化する政治が招く独裁への道』新潮社、二〇一八年、137頁）.

(14) Guillermo O'Donnell and Philippe C. Schmitter, *Transitions from Authoritarian Rule: Tentative Conclusions About Uncertain Democracies* (Baltimore: Johns Hopkins University Press, 1986), 38（真柄秀子・井戸正伸訳『民主化の比較政治学――権威主義支配以後の政治世界』未來社、1986年、103-104頁）. なお、この点は、ロストウの先駆的な"Transitions to Democracy"でも顕著に示されていた。

(15) Lipset, *Political Man*, 45（内山訳『政治のなかの人間』65頁）.

(16) Samuel P. Huntington, *The Third Wave: Democratization in the Late Twentieth Century* (Norman: University of Oklahoma Press, 1991), 60–63（坪郷實・中道寿一・藪野祐三訳『第三の波――二〇世紀後半の民主化』三嶺書房、1995年、60-62頁）.

(17) John Holm, "Botswana: A Paternalistic Democracy," in *Democracy in Developing Countries: Africa*, ed. Larry Diamond, Juan J. Linz, and Seymour Martin Lipset (Boulder, Colo.: Lynne Rienner, 1988), 199.

(18) これらの主張は以下の文献で詳細に議論されている。Juan J. Linz, "Presidential or Parliamentary Democracy: Does It Make a Difference?," in *The Failure of Presidential Democracy: Comparative Perspective*s, ed. Juan J. Linz and Arturo Valenzuela (Baltimore: Johns Hopkins University Press, 1994), 3–87.

(19) James Madison, *The Federalist* 51, February 6, 1788. https://constitution.org/1-Constitution/fed/federa51.htm（斎藤眞・中野勝郎訳『ザ・フェデラリスト』岩波文庫、1999年、236-238頁）.

(20) "General Powers of Special Counsel," Code of Federal Regulations, title 28, ch. 6, part 600, www.gpo.gov/fdsys/pkg/CFR-2001-title28-vol2/pdf/CFR-2001-title28-vol2-part600.pdf.

(21) Neal Katyal, "Trump or Congress Can Still Block Mueller," *Washington Post*, May 19, 2017, www.washingtonpost.com/posteverything/wp/2017/05/19/politics-could-still-block-muellers-investigation-i-know-i-wrote-the-rules/?utm_term=.de03cd4cc8ed.

(22) Alina Mungiu-Pippidi, "The Quest for Good Governance: Learning from

Virtuous Circles," *Journal of Democracy* 27 (January 2016): 95–109.

(23) Larry Diamond, *The Spirit of Democracy: The Struggle to Build Free Societies Throughout the World* (New York: Times Books/Henry Holt, 2008), 80–81.

第3章　民主主義の行進と後退

(1) Huntington, *The Third Wave*, 316（坪郷・中道・藪野訳『第三の波』304頁）.

(2) Ibid., 17（同訳書、16頁）.

(3) Ibid., 13–31（同訳書、12–29頁）. なお、ハンティントンの計算では人口百万人以下の国が除外されており、半民主的体制に過ぎない可能性がある国がいくつか含まれている。

(4) Ibid., 91–95; quote from 95（同訳書、89–93頁、引用部は92頁）.

(5) Ibid., 94（同訳書、92頁）.

(6) Jeane Kirkpatrick, "Dictatorships and Double Standards," *Commentary Magazine* 68 (November 1979): 34–45.

(7) Ronald Reagan, Inaugural Address, January 20, 1981, at John Woolley and Gerhard Peters, American Presidency Project, https://www.presidency.ucsb.edu/documents/inaugural-address-11.

(8) "Five Shopping Sprees So Wild, They Made History," *New York* ("The Cut"), April 15, 2013, www.thecut.com/2013/04/5-shopping-sprees-so-wild-they-made-history.html#.

(9) George P. Shultz, *Turmoil and Triumph: My Years as Secretary of State* (New York: Scribner's, 1993), 630.

(10) National Democratic Institute for International Affairs, "Reforming the Philippine Electoral Process: Developments, 1986–88," 1991, 11–15, www.ndi.org/sites/default/files/233_ph_reforming.pdf; Melissa Estok, Neil Nevitte, and Glenn Cowan, "The Quick Count and Election Observation," National Democratic Institute for International Affairs, 2002, www.ndi.org/sites/default/files/1417_elect_quickcounthdbk_1-30.pdf.

(11) Shultz, *Turmoil and Triumph*, 625.

(12) Ibid., 623–41.

(13) Nick Davies, "The $10bn Question: What Happened to the Marcos Millions?," *The Guardian*, May 7, 2016, www.theguardian.com/world/2016/may/07/10bn-dollar-question-marcos-millions-nick-davies.

(14) Shultz, *Turmoil and Triumph*, 975–80.

(15) "Tiananmen Square Protest Death Toll 'Was 10,000,'" BBC, December 23, 2017, www.bbc.com/news/world-asia-china-42465516.

(16) 私は、フリーダムハウスによる政治的権利と市民的自由の７点満点の指標の両方で、最高の１点ないし２点を獲得した国を「リベラルな」民主主義国として数えている。"Freedom in the World" レポートを参照。

(17) Michael McFaul, "Transitions from Postcommunism," *Journal of Democracy* 16 (July 2005): 5–19.

(18) Steven Levitsky and Lucan Way, "The Myth of the Democratic Recession," *Journal of Democracy* 26 (January 2015): 45–58; Bruce Jones and Michael O'Hanlon, "Democracy Is Far from Dead," *Wall Street Journal*, December 10, 2017, www.wsj.com/articles/democracy-is-far-from-dead-1512938275.

(19) Miriam Kornblith, "The Referendum in Venezuela: Elections Versus Democracy," *Journal of Democracy* 16 (January 2005): 124–37; Larry Diamond, *The Spirit of Democracy: The Struggle to Build Free Societies Throughout the World* (New York: Times Books/Henry Holt, 2008), 67–70.

(20) Ivan Krastev, "New Threats to Freedom: Democracy's 'Doubles,'" *Journal of Democracy* 17 (April 2006): 54.

(21) Freedom House, "Freedom in the World 2018," 7, https://freedomhouse.org/sites/default/files/FH_FITW_Report_2018_Final_SinglePage.pdf.

(22) "Philippines: Duterte's 'Drug War' Claims 12,000-Plus Lives," Human Rights Watch, January 18, 2018, www.hrw.org/news/2018/01/18/philippines-dutertes-drug-war-claims-12000-lives; "Philippine Chief Justice Sereno, Duterte's Critic, Removed," Al Jazeera, May 11, 2018, www.aljazeera.com/news/2018/05/philippine-chief-justice-sereno-duterte-critic-removed-180511065453926.html

(23) 選挙を観察した元ブラジル大統領フェルナンド・エンリケ・カルドーゾ

は、優れた選挙後の分析において、「1988年の憲法が発効して以来、四人の大統領が選出されたが、二人は弾劾され、一人は汚職で収監され、あと一人は私である」と述べた。以下を参照。Fernando Henrique Cardoso, "How the Unthinkable Happened in Brazil," *Washington Post*, October 29, 2018, www.washingtonpost.com/news/theworldpost/wp/2018/10/29/bolsonaro/?utm_term=.7648c87b479f.

第4章　権威主義の誘惑

(1) "Europe's Populists Are Waltzing into the Mainstream," *The Economist*, February 3, 2018.

(2) "Excerpts, Hungarian 'Lies' Speech," BBC, September 19, 2006, http://news.bbc.co.uk/2/hi/europe/5359546.stm.

(3) Jacques Rupnik, "Hungary's Illiberal Turn: How Things Went Wrong," *Journal of Democracy* 23 (July 2012): 134.

(4) Miklós Bánkuti, Gábor Halmai, and Kim Lane Scheppele, "Hungary's Illiberal Turn: Disabling the Constitution," *Journal of Democracy* 23 (July 2012): 139.

(5) Ibid., 140.

(6) János Kornai, "Hungary's U-Turn: Retreating from Democracy," *Journal of Democracy* 26 (July 2015): 40.

(7) Arch Puddington and Tyler Roylance, "The Freedom House Survey for 2016: The Threat of Populists and Autocrats," *Journal of Democracy* 28 (April 2017): 112.

(8) Kornai, "Hungary's U-Turn," 46.

(9) Miklós Haraszti, "Behind Viktor Orbán's War Against Refugees in Hungary," *Huffington Post*, September 8, 2015 (updated December 6, 2017), www.huffingtonpost.com/miklos-haraszti/viktor-orban-hungary-refugees_b_8100906.html.

(10) Ibid.

(11) "Hungary: Opinion Editorial by U.N. High Commissioner for Human Rights Zeid Ra'ad al Hussein," United Nations Human Rights: Office of the High Commissioner, www.ohchr.org/EN/NewsEvents/Pages/

DisplayNews.aspx?NewsID=22765.

(12) Jan Werner-Müller, *What Is Populism?* (Philadelphia: University of Pennsylvania Press, 2016)（板橋拓己訳『ポピュリズムとは何か』岩波書店、2017年）.

(13) Levitsky and Ziblatt, *How Democracies Die*, 118–19（濱野訳『民主主義の死に方』150–151頁）.

(14) Bojan Bugarič and Tom Ginsburg, “The Assault on Postcommunist Courts,” *Journal of Democracy* 27 (July 2016): 69.

(15) Jacques Rupnik, “Surging Illiberalism in the East,” *Journal of Democracy* 27 (October 2016): 79.

(16) Joanna Fomina and Jacek Kucharczyk, “Populism and Protest in Poland,” *Journal of Democracy* 27 (October 2016): 63.

(17) Ibid., 65.

(18) Marc Santora, “Poland Purges Supreme Court, and Protesters Take to the Streets,” *New York Times*, July 3, 2018, www.nytimes.com/2018/07/03/world/europe/poland-supreme-court-protest.html.

(19) Jan Gross, “Poles Cry for ‘Pure Blood’ Again,” *New York Times*, November 17, 2017.

(20) Giuseppe Sedia, “PiS Leader Kaczynski Meets with Hungarian PM Viktor Orban: What Does It Mean?” *Krakow Post*, January 11, 2016, www.krakowpost.com/11017/2016/01/kaczynski-orban-meeting.

(21) Jacques Rupnik, “Evolving or Revolving? Central Europe Since 1989,” *Eurozine*, December 15, 2017, www.eurozine.com/evolving-or-revolving-central-europe-since-1989/.

(22) Rupnik, “Surging Illiberalism in the East,” 82.

(23) Organization for Economic Cooperation and Development: Data, https://data.oecd.org/migration/foreign-born-population.htm.

(24) Rupnik, “Surging Illiberalism in the East,” 81.

(25) Ibid., 80.

(26) Lipset, *Political Man*, ch. 5（内山訳『政治のなかの人間』第五章）.

(27) Ibid., ch. 4（同訳書、第四章）.

(28) Sławomir Sierakowski, “How Eastern European Populism Is Different,”

The Strategist, February 2, 2018, www.aspistrategist.org.au/eastern-european-populism-different/.

(29) Martin Eiermann, Yascha Mounk, and Limor Gultchin, "European Populism: Trends, Threats, and Future Prospects," Tony Blair Institute for Global Change, 5, December 29, 2017, https://institute.global/insight/renewing-centre/european-populism-trends-threats-and-future-prospects.

(30) Rupnik, "Surging Illiberalism in the East," 79.

(31) Ibid.

(32) Bugarič and Ginsburg, "The Assault on Postcommunist Courts," 74.

(33) Patrick Kingsley, "As West Fears the Rise of Autocrats, Hungary Shows What's Possible," *New York Times*, February 11, 2018.

(34) Alastair Macdonald, "EU Parliament Pushes Hungary Sanctions for Orban Policies," Reuters, September 12, 2018, www.reuters.com/article/us-eu-hungary/eu-parliament-pushes-hungary-sanctions-over-orban-policies-idUSKCN1LS1QS.

(35) Gabriela Baczynska and Robert-Jan Bartunek, "EU Piles Pressure on Poland over Courts Independence," Reuters, June 26, 2018, www.reuters.com/article/us-eu-poland/eu-piles-pressure-on-poland-over-courts-independence-idUSKBN1JM0YT.

(36) The Lisbon Treaty, article 7, www.lisbon-treaty.org/wcm/the-lisbon-treaty/treaty-on-european-union-and-comments/title-1-common-provisions/7-article-7.html.

(37) Ivan Krastev, "The Specter Haunting Europe: The Unraveling of the Post-1989 Order," *Journal of Democracy* 27 (October 2016): 91, 92.

(38) "EU Migration to and from the U.K.," Migration Observatory at the University of Oxford, August 30, 2017, www.migrationobservatory.ox.ac.uk/resources/briefings/eu-migration-to-and-from-the-uk/.

(39) Robert Ford and Matthew Goodwin, "Britain After Brexit: A Nation Divided," *Journal of Democracy* 28 (January 2017): 18, 19.

(40) "AfD: What You Need to Know About Germany's Far-Right Party," Deutsche Welle, www.dw.com/en/afd-what-you-need-to-know-about-germanys-far-right-party/a-37208199.

(41) Alissa J. Rubin, "Macron Decisively Defeats Le Pen in French Presidential Race," *New York Times*, May 7, 2017, www.nytimes.com/2017/05/07/world/europe/emmanuel-macron-france-election-marine-le-pen.html.

(42) Tom Turula, "Sweden's Foreign-Born Population Is Nearing 1.7 Million —Finland and Iraq Have the Biggest Communities," Nordic Business Insider, March 3, 2017.

(43) Hortense Goulard and Cynthia Kroet, "Dutch Party Wants to Outlaw Mosques, Islamic Schools, Koran," *Politico*, August 26, 2016 (updated March 14, 2017), www.politico.eu/article/far-right-dutch-politician-backs-mosques-koran-ban-islamic-schools/.

(44) Eiermann, Mounk, and Gultchin, "European Populism," 7.

(45) "Europe's Populists Are Waltzing into the Mainstream."

(46) Seymour Martin Lipset and Earl Raab, *The Politics of Unreason: Right-Wing Extremism in America, 1790–1977* (Chicago: University of Chicago Press, 1978).

(47) Ibid.; Ronald Inglehart and Christian Welzel, *Modernization, Cultural Change, and Democracy: The Human Development Sequence* (Cambridge: Cambridge University Press, 2005); Lee Drutman, Larry Diamond, and Joe Goldman, "Follow the Leader: Exploring American Support for Democracy and Authoritarianism," Democracy Fund Voter Study Group, March 2018, www.voterstudygroup.org/publications/2017-voter-survey/follow-the-leader.

(48) Rupnik, "Evolving or Revolving?"

(49) Associated Press, "Bannon to France's Far Right: 'Let Them Call You Racist . . . Wear It as a Badge of Honor,'" *Politico*, March 10, 2018, www.politico.com/story/2018/03/10/steve-bannon-france-national-front-marine-le-pen-454183.

(50) Chris Megerian, "What Trump Has Said Through the Years About Where Obama Was Born," *Los Angeles Times*, September 16, 2016, www.latimes.com/politics/la-na-pol-trump-birther-timeline-20160916-snap-htmlstory.html.

(51) Jeremy Diamond, "Donald Trump: Ban All Muslim Travel to U.S.," CNN, December 8, 2015, www.cnn.com/2015/12/07/politics/donald-trump-muslim-ban-immigration/index.html.

(52) Jenna Johnson and Abigail Hauslohner, "'I Think Islam Hates Us': A Timeline of Trump's Comments About Islam and Muslims," *Washington Post*, May 20, 2017.

(53) Donald Trump's 2016 acceptance speech to the Republican National Convention, with capitalization per the original, https://assets.donaldjtrump.com/DJT_Acceptance_Speech.pdf.

(54) Bill Kaufman, "When the Left Was Right," *American Conservative*, May 19, 2008, www.theamericanconservative.com/articles/when-the-left-was-right/.

(55) Ibid.

(56) Sam Reisman, "Trump Tells Crowd to 'Knock the Crap out' of Protestors, Offers to Pay Legal Fees," Mediaite, February 1, 2016, www.mediaite.com/online/trump-tells-crowd-to-knock-the-crap-out-of-protesters-offers-to-pay-legal-fees/.

(57) Maxwell Tani, "Trump: I'll Consider Paying Legal Fees for the Man Who Allegedly Threw a Sucker Punch at One of My Rallies," *Business Insider*, March 13, 2016, www.businessinsider.com/donald-trump-legal-fees-punch-protester-2016-3.

(58) Nick Corasaniti and Maggie Haberman, "Donald Trump Suggests 'Second Amendment People' Could Act Against Hillary Clinton," *New York Times*, August 9, 2016, www.nytimes.com/2016/08/10/us/politics/donald-trump-hillary-clinton.html; Jessica Taylor, "Trump's Second Amendment Rhetoric Again Veers into Threatening Territory," NPR, September 16, 2016, www.npr.org/2016/09/16/494328717/trumps-second-amendment-rhetoric-again-veers-into-threatening-territory.

(59) Oliver Laughland and Sam Tielman, "Trump Loyalists Plan Own Exit Poll Amid Claims of 'Rigged' Election," *The Guardian*, October 20, 2016, www.theguardian.com/us-news/2016/oct/20/citizens-for-donald-trump-exit-poll-roger-stone-rigged-election-claim.

(60) Levitsky and Ziblatt, *How Democracies Die*, 61（濱野訳『民主主義の死に方』86頁）.

(61) Rick Hampson, "Donald Trump's Attacks on the News Media: A Not-So-Short History," *USA Today*, March 10, 2016, www.usatoday.com/story/news/politics/onpolitics/2016/03/10/donald-trump-versus-the-media/81602878/.

(62) "Donald Trump Steps Up His Attack on the Media," *The Economist*, August 15, 2016; Taylor, "Trump's Second Amendment Rhetoric."

(63) Levitsky and Ziblatt, *How Democracies Die*, 21–24（濱野訳『民主主義の死に方』41–43頁）.

第５章　アメリカ民主主義の衰退

(1) "T.R.B. from Washington," *The New Republic*, November 9, 1968, 4.

(2) Peter Baker, "Nixon Tried to Spoil Johnson's Vietnam Peace Talks in '68, Notes Show," *New York Times*, January 2, 2017, www.nytimes.com/2017/01/02/us/politics/nixon-tried-to-spoil-johnsons-vietnam-peace-talks-in-68-notes-show.html.

(3) "A Chronology of Violations of Democratic Principles by the Presidential Administration of Donald Trump," in Levitsky and Ziblatt, *How Democracies Die*, 176–80（濱野訳『民主主義の死に方』）.

(4) David Z. Morris, "Trump, Playing to His Base, Pardons Anti-Immigrant Sheriff Joe Arpaio," *Fortune*, August 26, 2017, http://fortune.com/2017/08/26/donald-trump-pardons-joe-arpaio.

(5) John Shattuck, Amanda Watson, and Matthew McDole, "Trump's First Year: How Resilient Is Liberal Democracy in the U.S.?" Carr Center for Human Rights, Harvard University, February 15, 2018, 10; Glenn Kessler, Salvador Rizzo, and Meg Kelly, "President Trump Has Made 3,251 False or Misleading Claims in 497 Days," *Washington Post*, June 1, 2018, www.washingtonpost.com/news/fact-checker/wp/2018/06/01/president-trump-has-made-3251-false-or-misleading-claims-in-497-days/?utm_term=.34447309159f.

(6) Levitsky and Ziblatt, *How Democracies Die*, 178（濱野訳『民主主義の

死に方』217頁）．

(7) Neil K. Katyal and George T. Conway III, "Trump's Appointment of Acting Attorney General Is Unconstitutional," *New York Times,* November 8, 2018, www.nytimes.com/2018/11/08/opinion/trump-attorney-general-sessions-unconstitutional.html.

(8) Shattuck, Watson, and McDole, "Trump's First Year," 27.

(9) Trump tweet, June 13, 2018, https://twitter.com/realDonaldTrump/status/1006891643985854464.

(10) Trump tweet, June 24, 2018, https://twitter.com/realDonaldTrump/status/1010900865602019329.

(11) James Hohmann, "Why Trump Flippantly Accusing Democrats of 'Treason' Is Not a Laughing Matter," *Washington Post,* February 6, 2018, www.washingtonpost.com/news/powerpost/paloma/daily-202/2018/02/06/daily-202-why-trump-flippantly-accusing-democrats-of-treason-is-not-a-laughing-matter/5a792a2130fb041c3c7d7657/?utm_term=.5fd9344d5d47.

(12) Philip Rucker and Robert Costa, "Bob Woodward's New Book Reveals a 'Nervous Breakdown' of Trump's Presidency," *Washington Post,* September 4, 2018, www.washingtonpost.com/politics/bob-woodwards-new-book-reveals-a-nervous-breakdown-of-trumps-presidency/2018/09/04/b27a389e-ac60-11e8-a8d7-0f63ab8b1370_story.html?utm_term=.02d35ac650bf. また以下を参照。 Michael Wolff, *Fire and Fury: Inside the Trump White House* (New York: Henry Holt, 2018)（関根光宏・藤田美菜子ほか訳『炎と怒り――トランプ政権の内幕』早川書房、2018年）．

(13) Madeleine Albright, *Fascism: A Warning* (New York: HarperCollins, 2018), 246（白川貴子・高取芳彦訳『ファシズム――警告の書』みすず書房、2020年）.

(14) Margaret Sullivan, "Trump's Vicious Attack on the Media Shows One Thing Clearly: He's Running Scared," *Washington Post,* August 23, 2017, www.washingtonpost.com/lifestyle/style/trumps-vicious-attack-on-the-press-shows-one-thing-clearly-hes-running-scared/2017/08/23/4fc1a6a2-8802-11e7-a50f-e0d4e6ec070a_story.html?utm_term=.d456749d1ad5.

(15) Shattuck, Watson, and McDole, "Trump's First Year," 12–13.

(16) Michael Tackett and Michael Wines, "Trump Disbands Commission on Voter Fraud," *New York Times*, January 3, 2018, www.nytimes.com/2018/01/03/us/politics/trump-voter-fraud-commission.html; "Trump's Election Commission Is Fully Transparent About Its Purpose: Voter Obstruction," editorial, *Washington Post*, July 23, 2017, www.washingtonpost.com/opinions/mr-trumps-election-commission-is-fully-transparent-about-its-purpose-voter-obstruction/2017/07/23/43169900-6e51-11e7-96ab-5f38140b38cc_story.html?utm_term=.1ae02f694482.

(17) Steve Denning, "Trump: Replacing Sessions with Whitaker Appears to Obstruct Justice," *Forbes*, November 8, 2018, www.forbes.com/sites/stevedenning/2018/11/08/trump-why-appointing-whitaker-risks-appearing-to-obstruct-justice-in-plain-sight/#3c3058f31b69.

(18) *Trump, President of the United States, et al. v. Hawaii et al.*, 585 U.S. (2018), www.supremecourt.gov/opinions/17pdf/17-965_h315.pdf.

(19) Jake Tapper and Devan Cole, "Architect of bin Laden Raid: Trump 'Threatens the Constitution' When He Attacks the Media," CNN, November 18, 2018, www.cnn.com/2018/11/18/politics/donald-trump-william-mcraven/index.html.

(20) Norman L. Eisen, Caroline Frederickson, and Laurence H. Tribe, "Is Devin Nunes Obstructing Justice?," *New York Times*, February 12, 2018.

(21) Gallup Poll, "Presidential Approval Ratings—Donald Trump," http://news.gallup.com/poll/203198/presidential-approval-ratings-donald-trump.aspx, accessed September 12, 2018.

(22) Thomas L. Friedman, "A President with No Shame and a Party with No Guts," *New York Times*, July 17, 2018, www.nytimes.com/2018/07/17/opinion/trump-putin-republicans.html.

(23) Jeff Flake, Speech from the Senate Floor, October 24, 2017, www.cnn.com/2017/10/24/politics/jeff-flake-retirement-speech-full-text/index.html.

(24) Eric Lipton and Alexander Burns, "NRA's Muscle Built on Votes, Not Donations," *New York Times*, February 25, 2018; Christopher Ingraham, "Most Gun Owners Don't Belong to the NRA and They Don't Agree with It Either," *Washington Post*, October 15, 2015, www.

washingtonpost.com/news/wonk/wp/2015/10/15/most-gun-owners-dont-belong-to-the-nra-and-they-dont-agree-with-it-either/?utm_term=.87f475c6ee86.

(25) これら規則の明確な概要、および最大規模のグループによる選挙資金支出に関する広範な文書については、センター・フォー・レスポンシブ・ポリティックスの優れたウェブサイト、オープン・シークレッツ（Open Secrets, www.opensecrets.org/outsidespending/）を参照。

(26) Robert Maguire, "$1.4 Billion and Counting in Spending by Super PACs, Dark Money Groups," Open Secrets: Center for Responsive Politics, November 9, 2016, www.opensecrets.org/news/2016/11/1-4-billion-and-counting-in-spending-by-super-pacs-dark-money-groups/.

(27) Sean Sullivan, "What Is a 501(c)(4), Anyway?," *Washington Post*, May 13, 2013, www.washingtonpost.com/news/the-fix/wp/2013/05/13/what-is-a-501c4-anyway/?utm_term=.2df3572ed3d9.

(28) "Political Nonprofits: Top Election Spenders," Open Secrets: Center for Responsive Politics, www.opensecrets.org/outsidespending/nonprof_elec.php?cycle=2016によれば、上位５団体は、NRA、全米商工会議所、45委員会、繁栄のためのアメリカ人、アメリカ未来基金であった。

(29) "Political Nonprofits (Dark Money)," Open Secrets: Center for Responsive Politics, www.opensecrets.org/outsidespending/nonprof_summ.php?cycle=2018&type=viewpt; "2018 Outside Spending, by Group," Open Secrets: Center for Responsive Politics, www.opensecrets.org/outsidespending/summ.php?disp=O, accessed November 9, 2018.

(30) Brendan Fischer and Maggie Christ, "Three Money in Politics Trends You May Have Missed in 2017," Campaign Legal Center, August 13, 2018, www.campaignlegalcenter.org/news/blog/three-money-politics-trends-you-may-have-missed-2017.

(31) Patrik Jonsson, "In Richard Lugar Defeat, a Tea Party Road Map for Revamping Washington?," *Christian Science Monitor*, May 9, 2012, www.csmonitor.com/USA/Elections/Senate/2012/0509/In-Richard-Lugar-defeat-a-tea-party-road-map-for-revamping-Washington.

(32) Freedom Works, "Hold Your Elected Officials Accountable," http://

congress.freedomworks.org/, accessed February 20, 2018.

(33) Ibid.

(34) Shane Goldmacher and Nick Corasaniti, "A Trump-Fueled 'Wipeout' for House Republicans in Northeast," *New York Times*, November 7, 2018, www.nytimes.com/2018/11/07/nyregion/house-republicans-election-northeast.html.

(35) Thomas Mann and Norman Ornstein, *It's Even Worse Than It Looks* (New York: Basic Books, 2012).

(36) Josh Kraushaar, "The Most Divided Congress Ever, at Least Until Next Year," *National Journal*, February 6, 2014, www.nationaljournal.com/2013-vote-ratings/the-most-divided-congress-ever-at-least-until-next-year-20140206.

(37) Morris Fiorina, *Unstable Majorities: Polarization, Party Sorting, and Political Stalemate* (Stanford, Calif.: Hoover Institution Press, 2017), 18.

(38) Adam Nagourney and Sydney Ember, "Election Consolidates One-Party Control over State Legislatures," *New York Times*, November 7, 2018, www.nytimes.com/2018/11/07/us/politics/statehouse-elections.html.

(39) Christopher Hare, Keith T. Poole, and Howard Rosenthal, "Polarization in Congress Has Risen Sharply. Where Is It Going Next?," *Washington Post*, February 13, 2014, www.washingtonpost.com/news/monkey-cage/wp/2014/02/13/polarization-in-congress-has-risen-sharply-where-is-it-going-next/?utm_term=.020cd24d51c5.

(40) "The Polarization of the Congressional Parties," updated March 21, 2015, https://legacy.voteview.com/political_polarization_2014.htm.

(41) Fiorina, *Unstable Majorities*.

(42) Drew DeSilver, "The Polarized Congress of Today Has Its Roots in the 1970s," Pew Research Center, June 12, 2014, www.pewresearch.org/fact-tank/2014/06/12/polarized-politics-in-congress-began-in-the-1970s-and-has-been-getting-worse-ever-since/.

(43) Mann and Ornstein, *It's Even Worse Than It Looks*, 31–43.

(44) Jonathan Rodden, *Why Cities Lose: The Deep Roots of the Urban-Rural Political Drive* (New York: Basic Books, 2019).

(45) Fiorina, *Unstable Majorities*, 206.

(46) Francis Fukuyama, *Identity: The Demand for Dignity and the Politics of Resentment* (New York: Farrar, Straus and Giroux, 2018)（山田文訳『IDENTITY（アイデンティティ）——尊厳の欲求と憤りの政治』朝日新聞出版、2019年）.

(47) Fiorina, *Unstable Majorities*, 211.

(48) "2016 U.S. Presidential Election Map by County and Vote Share," Brilliant Maps, November 29, 2016, http://brilliantmaps.com/2016-county-election-map/.

(49) Fiorina, *Unstable Majorities*, ch. 2.

(50) Jane C. Tim, "They're Still Drawing Crazy-Looking Districts. Can't It Be Stopped?," NBC News, September 21, 2017, www.nbcnews.com/politics/elections/they-re-still-drawing-crazy-looking-districts-can-t-it-n803051.

(51) Rodden, *Why Cities Lose*.

(52) "List of Most-Listened-To Radio Programs," Wikipedia, https://en.wikipedia.org/wiki/List_of_most-listened-to_radio_programs.

(53) Nathaniel Persily, "The 2016 U.S. Election: Can Democracy Survive the Internet," *Journal of Democracy* 28 (April 2017): 72; Joshua A. Tucker et al., "From Liberation to Turmoil: Social Media and Democracy," *Journal of Democracy* 28 (October 2017): 49.

(54) Center for Humane Technology, "Our Society Is Being Hijacked by Technology," http:// humanetech.com/problem#team.

(55) Persily, "The 2016 U.S. Election," 65.

(56) Ibid., 66.

(57) Center for Humane Technology, "Our Society Is Being Hijacked by Technology."

(58) David M. J. Lazer et al., "The Science of Fake News," *Science* 359, March 9, 2018, http:// science.sciencemag.org/content/359/6380/1094.full.

(59) Soroush Vosoughi, Deb Roy, and Sinan Aral, "The Spread of True and False News Online," *Science* 359, March 9, 2018, http://science.sciencemag.org/content/359/6380/1146.full.

(60) 10点満点の民主主義指標において、エコノミスト誌はアメリカに関して同様の下落を示し、同国を初めて「欠陥のある民主主義国」のカテゴリーに分類している。以下を参照。“Democracy Index 2017: Free Speech Under Attack,” Economist Intelligence Unit, www.eiu.com/topic/democracy-index.

(61) Freedom House, “Freedom in the World 2018,” 3. https://freedomhouse.org/sites/default/files/FH_FITW_Report_2018_Final_SinglePage.pdf.

(62) Sarah Binder, “Polarized We Govern?” Brookings Institution, May 27, 2014, www.brookings.edu/research/polarized-we-govern/.

(63) Shattuck, Watson, and McDole, “Trump's First Year,” p. 57.

(64) “Top Spenders, 2017,” Open Secrets: Center for Responsive Politics, www.opensecrets.org/lobby/top.php?indexType=s&showYear=2017.

(65) Maggie Christ and Brendan Fisher, “Three Money in Politics Trends You May Have Missed in 2017,” Campaign Legal Center, December 28, 2017, www.campaignlegalcenter.org/news/blog/three-money-politics-trends-you-may-have-missed-2017.

(66) たとえば、以下を参照。Kurt Weyland and Raúl L. Madrid, “Liberal Democracy: Stronger Than Populism, So Far,” *The American Interest*, March–April 2018, 24–28; Francis Fukuyama, “Is American Democracy Strong Enough for Trump?,” *Politico*, January 23, 2017, www.politico.com/magazine/story/2017/01/donald-trump-american-democracy-214683.

(67) Shattuck, Watson, and McDole, “Trump's First Year,” 15.

(68) Linda Greenhouse, “A Conservative Plan to Weaponize the Federal Courts,” *New York Times*, November 23, 2017, www.nytimes.com/2017/11/23/opinion/conservatives-weaponize-federal-courts.html.

(69) Wendy R. Weiser, “Voter Suppression: How Bad? (Pretty Bad),” *The American Prospect*, October 1, 2014, http://prospect.org/article/22-states-wave-new-voting-restrictions-threatens-shift-outcomes-tight-races; Shattuck, Watson, and McDole, “Trump's First Year,” 31–32.

(70) Michael Lewis, *The Fifth Risk* (New York: W. W. Norton, 2018).

(71) Niraj Chokshi, “Assaults Increased When Cities Hosted Trump Rallies, Study Finds,” *New York Times*, March 16, 2018, www.nytimes.

com/2018/03/16/us/trump-rally-violence.html?smprod=nytcore-ipad&smid=nytcore-ipad-share.

(72) Daryl Johnson, "I Warned of Right-Wing Violence in 2009. Republicans Objected. I Was Right," *Washington Post*, August 21, 2017, www.washingtonpost.com/news/posteverything/wp/2017/08/21/i-warned-of-right-wing-violence-in-2009-it-caused-an-uproar-i-was-right/?nid&utm_term=.59ceb6093359.

(73) Ibid.

第6章　ロシアによる世界的な攻撃

(1) Alexia Fernández Campbell, "The 7 Most Revealing Exchanges from Comey's Senate Testimony," *Vox*, June 8, 2017, www.vox.com/2017/6/8/15761794/comey-hearing-revealing-exchanges; Zeeshan Aleem, "Watch Comey's Impassioned Statement About Why Russia's Interference Was So Nefarious," *Vox*, June 8, 2017, https://www.vox.com/policy-and-politics/2017/6/8/15762574/comey-trump-russia.

(2) George F. Kennan, "The Long Telegram," February 22, 1946, 13, www.trumanlibrary.org/whistlestop/study_collections/coldwar/documents/pdf/6-6.pdf.

(3) "Putin's Asymmetric Assault on Democracy in Russia and Europe: Implications for U.S. National Security," Minority Staff Report, U.S. Senate Committee on Foreign Relations, January 10, 2018, 8, www.foreign.senate.gov/imo/media/doc/FinalRR.pdf.

(4) Karen Dawisha, *Putin's Kleptocracy: Who Owns Russia?* (New York: Simon & Schuster, 2014).

(5) Kennan, "The Long Telegram."

(6) Ellen Barry, "Rally Defying Putin's Party Draws Tens of Thousands," *New York Times*, December 10, 2011, www.nytimes.com/2011/12/11/world/europe/thousands-protest-in-moscow-russia-in-defiance-of-putin.html.

(7) Elise Labott, "Clinton Cites 'Serious Concerns' About Russian Election," CNN, December 6, 2011, www.cnn.com/2011/12/06/world/europe/

russia-elections-clinton/index.html.

(8) David M. Herszenhorn and Ellen Barry, "Putin Contends Clinton Incited Unrest over Vote," *New York Times*, December 8, 2011, www.nytimes.com/2011/12/09/world/europe/putin-accuses-clinton-of-instigating-russian-protests.html; Steve Gutterman, "Putin Says U.S. Stoked Russian Protests," Reuters, December 8, 2011, www.reuters.com/article/us-russia/putin-says-u-s-stoked-russian-protests-idUSTRE7B610S20111208.

(9) Michael Crowley and Julia Ioffe, "Why Putin Hates Clinton," *Politico*, July 25, 2016, www.politico.com/story/2016/07/clinton-putin-226153.

(10) Michael McFaul, *From Cold War to Hot Peace: An American Ambassador in Putin's Russia* (Boston: Houghton Mifflin Harcourt, 2018)（松島芳彦訳『冷たい戦争から熱い平和へ――プーチンとオバマ、トランプの米露外交』上下巻、白水社、2020年）.

(11) Julia Ioffe, "What Putin Really Wants," *The Atlantic*, January–February 2018, www.theatlantic.com/magazine/archive/2018/01/putins-game/546548/.

(12) Raphael Satter, "Inside Story: How Russians Hacked the Democrats' Emails," Associated Press, November 4, 2017, www.apnews.com/dea73efc01594839957c3c9a6c962b8a.

(13) U.S. Intelligence Community Assessment, "Assessing Russian Activities and Intentions in Recent U.S. Elections," January 6, 2017, www.dni.gov/files/documents/ICA_2017_01.pdf.

(14) Satter, "Inside Story."

(15) Crowley and Ioffe, "Why Putin Hates Clinton."

(16) Ken Dilanian, "Intelligence Director Says Agencies Agree on Russian Meddling," NBC News, July 21, 2017, www.nbcnews.com/news/us-news/intelligence-director-says-agencies-agree-russian-meddling-n785481.

(17) U.S. Intelligence Community Assessment, "Assessing Russian Activities," 1.

(18) Kevin Breuninger, "Russians Penetrated U.S. Voters Systems, DHS Cybersecurity Chief Tells NBC," CNBC, February 7, 2018, www.cnbc.com/2018/02/07/russians-penetrated-us-voter-systems-nbc-citing-top-us-

official.html.

(19) Dan Mangan and Mike Calia, "Special Counsel Mueller: Russians Conducted 'Information Warfare' Against U.S. During Election to Help Donald Trump Win," CNBC, February 16, 2018, www.cnbc.com/2018/02/16/russians-indicted-in-special-counsel-robert-muellers-probe.html.

(20) Scott Shane and Mark Mazzetti, "Inside a Three-Year Russian Campaign to Influence U.S. Voters," *New York Times*, February 16, 2018, www.nytimes.com/2018/02/16/us/politics/russia-mueller-election.html.

(21) Craig Timberg, Elizabeth Dwoskin, Adam Entous, and Karoun Demirjian, "Russian Ads, Now Publicly Released, Show Sophistication of Influence Campaign," *Washington Post*, November 1, 2017, www.washingtonpost.com/business/technology/russian-ads-now-publicly-released-show-sophistication-of-influence-campaign/2017/11/01/d26aead2-bf1b-11e7-8444-a0d4f04b89eb_story.html?utm_term=.60ca97898685.

(22) "Jill Stein: Democratic Spoiler or Scapegoat?" Five Thirty Eight, December 7, 2016, https://fivethirtyeight.com/features/jill-stein-democratic-spoiler-or-scapegoat/.

(23) Greg Walters, "The State Department Has a Secret Plan to Counter Russian Propaganda. It May Be Too Late," Vice News, March 6, 2018, https://news.vice.com/en_ca/article/vbpkd9/the-state-department-has-a-secret-plan-to-counter-russian-propaganda-it-may-be-too-late.

(24) Ibid.

(25) Ben Nimmo, "How a Russian Troll Fooled America," Digital Forensic Research Lab, Atlantic Council, November 14, 2017, https://medium.com/dfrlab/how-a-russian-troll-fooled-america-80452a4806d1.

(26) Ibid.

(27) Shelby Holliday and Rob Barry, "Russian Influence Campaign Extracted Americans' Personal Data," *Wall Street Journal*, March 7, 2018, www.wsj.com/articles/russian-influence-campaign-extracted-americans-personal-data-1520418600.

(28) Satter, "Inside Story."

(29) Jo Becker, Adam Goldman, and Matt Apuzzo, "Russian Dirt on Clinton? 'I Love It,' Donald Trump Jr. Said," *New York Times*, July 11, 2017, www.nytimes.com/2017/07/11/us/politics/trump-russia-email-clinton.html.

(30) "Read the Emails on Donald Trump Jr.'s Russia Meeting," *New York Times*, July 11, 2017, www.nytimes.com/interactive/2017/07/11/us/politics/donald-trump-jr-email-text.html.

(31) Danielle Kurtzleben, "Here's How Many Bernie Sanders Supporters Ultimately Voted for Trump," NPR, August 24, 2017, www.npr.org/2017/08/24/545812242/1-in-10-sanders-primary-voters-ended-up-supporting-trump-survey-finds.

(32) Harry Enten, "How Much Did WikiLeaks Hurt Hillary Clinton?," Five Thirty Eight, December 23, 2016, https://fivethirtyeight.com/features/wikileaks-hillary-clinton/.

(33) Tim Meko, Denise Lu, and Lazaro Gamio, "How Trump Won the Presidency with Razor-Thin Margins in Swing States," *Washington Post*, November 11, 2016, www.washingtonpost.com/graphics/politics/2016-election/swing-state-margins/; Philip Bump, "Donald Trump Will Be President Thanks to 80,000 People in Three States," *Washington Post*, December 1, 2016, www.washingtonpost.com/news/the-fix/wp/2016/12/01/donald-trump-will-be-president-thanks-to-80000-people-in-three-states/?utm_term=.972f41a7926c. ジェーン・メイヤー（Jane Mayer）の報告によると、ロシアのハッカーは、中西部の激戦州で多くの民主党員がクリントンから離反し第三の候補者に投票する傾向が強いことを示す民主党の世論調査データも入手していた可能性がある。"How Russia Helped Swing the Election for Trump," *The New Yorker*, October 1, 2018, www.newyorker.com/magazine/2018/10/01/how-russia-helped-to-swing-the-election-for-trump.

(34) Kathleen Hall Jamieson, *Cyberwar: How Russian Hackers and Trolls Helped Elect a President* (New York: Oxford University Press, 2018); Mayer, "How Russia Helped Swing the Election for Trump."

(35) James R. Clapper, *Facts and Fears: Hard Truths from a Life in*

Intelligence (New York: Viking, 2018), 396.

(36) Natasha Bertrand, "Trump's Top Intelligence Officials Contradict Him on Russian Meddling," *The Atlantic*, February 13, 2018, www.theatlantic.com/politics/archive/2018/02/the-intelligence-community-warns-congress-russia-will-interfere-in-2018-elections/553256/.

(37) "Tracking Russian Influence Operations on Twitter," German Marshall Fund, Alliance for Securing Democracy, http://dashboard.securingdemocracy.org/, accessed March 8, 2018.

(38) Laura Rosenberger and Jamie Fly, "Shredding the Putin Playbook," *Democracy: A Journal of Ideas* 47 (Winter 2018), https://democracyjournal.org/magazine/47/shredding-the-putin-playbook/.

(39) Susan Glasser, "The Russian Bots Are Coming. This Bipartisan Duo Is on It," *Politico*, February 26, 2018, www.politico.com/magazine/story/2018/02/26/russia-social-media-bots-propaganda-global-politico-217084.

(40) "Putin's Asymmetric Assault on Democracy in Russia and Europe."

(41) "Testimony of John Lansing, CEO and Director of the Broadcasting Board of Governors, Before the Committee on Security and Cooperation in Europe," September 14, 2017, 3, www.bbg.gov/wp-content/media/2017/09/BBG_Helsinki-Commission_CEO-John-Lansing-Testimony.pdf.

(42) Peter Pomerantsev, *Nothing Is True and Everything Is Possible: The Surreal Heart of the New Russia* (New York: Public Affairs, 2014)（池田年穂訳『プーチンのユートピア——二一世紀ロシアとプロパガンダ』慶應義塾大学出版会、2018年）.

(43) "Testimony of John Lansing."

(44) Dan Zak, "Whataboutism," *Washington Post*, August 18, 2017, www.washingtonpost.com/lifestyle/style/whataboutism-what-about-it/2017/08/17/4d05ed36-82b4-11e7-b359-15a3617c767b_story.html?utm_term=.e58e80e1102a.

(45) Sophie Tatum, "Trump Defends Putin: 'You Think Our Country's So Innocent?'" CNN, February 6, 2017, www.cnn.com/2017/02/04/politics/

donald-trump-vladimir-putin/index.html.

(46) Jane Mayer, "Christopher Steele: The Man Behind the Trump Dossier," *The New Yorker*, March 12, 2018, www.newyorker.com/magazine/2018/03/12/christopher-steele-the-man-behind-the-trump-dossier.

(47) Alex Hern, "Russian Troll Factories: Researchers Damn Twitter's Refusal to Share Data," *The Guardian*, November 15, 2017, www.theguardian.com/world/2017/nov/15/russian-troll-factories-researchers-damn-twitters-refusal-to-share-data.

(48) Patrick Wintour, "Russian Bid to Influence Brexit Vote Detailed in New U.S. Senate Report," *The Guardian*, January 10, 2018, www.theguardian.com/world/2018/jan/10/russian-influence-brexit-vote-detailed-us-senate-report.

(49) Jeremy Diamond, "Trump Opens NATO Summit with Blistering Criticism of Germany," CNN, July 11, 2018, https://edition.cnn.com/2018/07/10/politics/donald-trump-nato-summit-2018/index.html.

(50) Rosenberger and Fly, "Shredding the Putin Playbook."

(51) David Alandate, "How Russian Networks Worked to Boost the Far Right in Italy," *El País*, March 1, 2018, https://elpais.com/elpais/2018/03/01/inenglish/1519922107_909331.html.

(52) "Putin's Asymmetric Assault on Democracy," 41 および"Testimony of John Lansing"を参照。

(53) "Putin's Asymmetric Assault on Democracy," 37–53.

(54) Ibid., 51–52.

(55) Joseph Nye, *Soft Power: The Means to Success in World Affairs* (New York: Public Affairs, 2004)（山岡洋一訳『ソフト・パワー——二一世紀国際政治を制する見えざる力』日本経済新聞社、2004年）.

(56) Christopher Walker and Jessica Ludwig, "Introduction: From 'Soft Power' to 'Sharp Power,'" in Juan Pablo Cardenal et al., "Sharp Power: Rising Authoritarian Influence," National Endowment for Democracy, December 5, 2017, 8, 13, www.ned.org/sharp-power-rising-authoritarian-influence-forum-report/.

(57) Jonathan Marcus, "Are Russia's Military Advances a Problem for NATO?" BBC News, August 11, 2016, www.bbc.com/news/world-europe-37045730; Jonathan Marcus, "Zapad: What Can We Learn from Russia's Latest Military Exercise?" BBC News, September 20, 2017, www.bbc.com/news/world-europe-41309290.

(58) John Garnaut, "How China Interferes in Australia, and How Democracies Can Push Back," *Foreign Affairs*, March 9, 2018, www.foreignaffairs.com/articles/china/2018-03-09/how-china-interferes-australia.

第７章　中国の密かな攻撃

(1) "Summary of the 2018 National Defense Strategy of the United States," Department of Defense, 2, www.defense.gov/Portals/1/Documents/pubs/2018-National-Defense-Strategy-Summary.pdf.

(2) Melissa Davey, "Author Vows Book Exposing Chinese Influence Will Go Ahead After Publisher Pulls Out," *The Guardian*, November 12, 2017, www.theguardian.com/australia-news/2017/nov/13/author-vows-book-exposing-chinese-influence-will-go-ahead-after-publisher-pulls-out; "Australian Book on China's 'Silent Invasion' Withdrawn at Last Minute Amid Legal Threats," Radio Free Asia, November 13, 2017, www.rfa.org/english/news/china/book-11132017110421.html.

(3) John Garnaut, "How China Interferes in Australia, and How Democracies Can Push Back," *Foreign Affairs*, March 9, 2018, www.foreignaffairs.com/articles/china/2018-03-09/how-china-interferes-australia.

(4) Clive Hamilton, *Silent Invasion: China's Influence in Australia* (Melbourne: Hardie Grant, 2018), ix（山岡鉄秀監訳、奥山真司訳『目に見えぬ侵略――中国のオーストラリア支配計画』飛鳥新社、2020年、12頁）.

(5) Katharine Murphy, "Sam Dastyari's Loyalty to Australia Questioned After He Tipped Off Chinese Donor," *The Guardian*, November 28, 2017, www.theguardian.com/australia-news/2017/nov/29/sam-dastyaris-loyalty-to-australia-questioned-after-he-tipped-off-chinese-donor.

⑹ Primrose Riordan, "China's Veiled Threat to Bill Shorten on Extradition Treaty," *The Australian*, December 5, 2017, www.theaustralian.com.au/national-affairs/foreign-affairs/chinas-veiled-threat-to-bill-shorten-on-extradition-treaty/news-story/ad793a4366ad2f94694e 89c92d52a978.
⑺ Hamilton, *Silent Invasion*, 3（山岡監訳、奥山訳『目に見えぬ侵略』19頁）.
⑻ Ibid., 259（同上、352頁）.
⑼ Garnaut, "How China Interferes in Australia." この金額、およびこのセクションに記載したその他の金額は、オーストラリアドルからアメリカドルに換算したものである。
⑽ "Australia Passes Foreign Interference Laws Amid China Tension," BBC, June 28, 2018, www.bbc.com/news/world-australia-44624270.
⑾ Christopher Walker, Shanthi Kalathil, and Jessica Ludwig, "How Democracies Can Fight Authoritarian Sharp Power," *Foreign Affairs*, August 16, 2018, www.foreignaffairs.com/articles/china/2018-08-16/how-democracies-can-fight-authoritarian-sharp-power.
⑿ Garnaut, "How China Interferes in Australia."
⒀ Hamilton, *Silent Invasion*, 137（山岡監訳、奥山訳『目に見えぬ侵略』188頁）.
⒁ Ibid., 2（同上、17頁）.
⒂ Amy Qin, "Worries Grow in Singapore over China's Calls to Help the 'Motherland'," *New York Times*, August 5, 2018, www.nytimes.com/2018/08/05/world/asia/singapore-china.html.
⒃ Martin Hala, "China in Xi's 'New Era': Forging a New 'Eastern Bloc'," *Journal of Democracy* 29 (April 2018): 86.
⒄ Minxin Pei, "China in Xi's 'New Era': A Play for Global Leadership," *Journal of Democracy* 29 (April 2018): 37–51; Shanthi Kalathil, "China in Xi's 'New Era': Redefining Development," *Journal of Democracy* 29 (April 2018): 52–58.
⒅ www2.compareyourcountry.org/oda?cr=oecd&lg=en.
⒆ Kai Schultz, "Sri Lanka, Struggling with Debt, Hands a Major Port to China," *New York Times*, December 12, 2017, www.nytimes.

com/2017/12/12/world/asia/sri-lanka-china-port.html.

(20) Jamie Tarabay, "With Sri Lankan Port Acquisition, China Adds Another 'Pearl' to Its 'String'," CNN, February 4, 2018, www.cnn.com/2018/02/03/asia/china-sri-lanka-string-of-pearls-intl/index.html.

(21) Wenyuan Wu, "China's 'Digital Silk Road': Pitfalls Among High Hopes," *The Diplomat*, November 3, 2017, https://thediplomat.com/2017/11/chinas-digital-silk-road-pitfalls-among-high-hopes/.

(22) Kalathil, "Redefining Development."

(23) Zhao Lei, "Satellite Will Test Plan for Communications Network," *China Daily*, March 5, 2018, www.chinadaily.com.cn/a/201803/05/WS5a9c9a3ba3106e7dcc13f807.html.

(24) Kalathil, "Redefining Development."

(25) Pei, "A Play for Global Leadership," 41.

(26) Ibid.

(27) David Shambaugh, "China's Soft-Power Push: The Search for Respect," *Foreign Affairs*, July-August 2015, www.foreignaffairs.com/articles/china/2015-06-16/china-s-soft-power-push.

(28) Minxin Pei, "China's Moment of Truth," *Nikkei Asian Review*, August 7, 2018, https://asia.nikkei.com/Opinion/China-s-moment-of-truth.

(29) "China and Africa: A Despot's Guide to Foreign Aid," *The Economist*, April 16, 2016, www.economist.com/news/middle-east-and-africa/21697001-want-more-cash-vote-china-united-nations-despots-guide-foreign.

(30) Anne-Marie Brady, "Magic Weapons: China's Political Influence Activities Under Xi Jinping," Wilson Center, September 28, 2017, www.wilsoncenter.org/article/magic-weapons-chinas-political-influence-activities-under-xi-jinping. より詳細な情報については以下を参照。*China's Influence and American Interests: Promoting Constructing Vigilance*, Report of the Working Group on Chinese Influence Activities in the United States, Hoover Institution, November 2018.

(31) Brady, "Magic Weapons," 2.

(32) Pei, "A Play for Global Leadership," 46.

(33) Garnaut, “How China Interferes in Australia.”
(34) Pei, “A Play for Global Leadership,” 45.
(35) Shambaugh, “China’s Soft-Power Push.”
(36) Ibid. 2016年のアメリカの広報外交予算には、中国による取り組みの予算に含まれない可能性のある文化交流などが含まれている。以下を参照。U.S. Department of State, “2017 Comprehensive Annual Report on Public Diplomacy and International Broadcasting,” www.state.gov/pdcommission/reports/274698.htm.
(37) Thorsten Benner et al., “Authoritarian Advance: Responding to China’s Growing Political Influence in Europe,” Report of the Global Public Policy Institute and the Mercatur Institute for China Studies, February 2018, 22, www.merics.org/sites/default/files/2018-02/GPPi_MERICS_Authoritarian_Advance_2018_1.pdf.
(38) Ibid., 24.
(39) John Fitzgerald, “China in Xi’s New Era: Overstepping Down Under,” *Journal of Democracy* 29 (April 2018): 62.
(40) Ibid.
(41) Ibid., 60.
(42) Ibid.
(43) Ibid., 61.
(44) Ibid.
(45) *China’s Influence and American Interests*, 4.
(46) Eleanor Albert, “China’s Big Bet on Soft Power,” Council on Foreign Relations, February 9, 2018, www.cfr.org/backgrounder/chinas-big-bet-soft-power; Pei, “A Play for Global Leadership,” 46.
(47) “On Partnerships with Foreign Governments: The Case of Confucius Institutes,” American Association of University Professors, June 2014, www.aaup.org/report/confucius-institutes.
(48) Pei, “A Play for Global Leadership,” 46.
(49) Edward Wong, “China Denies Entry to an American Scholar Who Spoke Up for a Uighur Colleague,” *New York Times*, July 7, 2014, www.nytimes.com/2014/07/08/world/asia/us-scholar-who-supported-uighur-

colleague-is-denied-entry-to-china.html.

(50) Benner et al., "Authoritarian Advance," 27–29.

(51) Shambaugh, "China's Soft-Power Push."

(52) Mike Ives, "Chinese Student in Maryland Is Criticized at Home for Praising U.S.," *New York Times*, May 23, 2017, www.nytimes.com/2017/05/23/world/asia/chinese-student-fresh-air-yang-shuping.html.

(53) Stephanie Saul, "On Campuses Far from China, Still Under Beijing's Watchful Eye," *New York Times*, May 4, 2017, www.nytimes.com/2017/05/04/us/chinese-students-western-campuses-china-influence.html.

(54) Benner et al., "Authoritarian Advance," 20.

(55) Hala, "China in Xi's 'New Era'," 87.

(56) Ibid.

(57) David Barboza, Marc Santora, and Alexandra Stevenson, "China Seeks Influence in Europe, One Business Deal at a Time," *New York Times*, August 12, 2018, www.nytimes.com/2018/08/12/business/china-influence-europe-czech-republic.html.

(58) Hala, "Forging a New 'Eastern Bloc'," 86–87; Benner et al., "Authoritarian Advance," 20も参照せよ。

(59) Benner et al., "Authoritarian Advance," 7.

(60) Jason Horowitz and Liz Alderman, "Chastised by E.U., a Resentful Greece Embraces China's Cash and Interests," *New York Times*, August 26, 2017, www.nytimes.com/2017/08/26/world/europe/greece-china-piraeus-alexis-tsipras.html.

(61) Benner et al., "Authoritarian Advance," 18.

(62) Juan Pablo Cardenal, "China in Latin America," in Cardenal et al., "Sharp Power: Rising Authoritarian Influence," National Endowment for Democracy, December 5, 2017, 34, www.ned.org/sharp-power-rising-authoritarian-influence-forum-report/.

(63) *China's Influence and American Interests*, 101–18.

(64) Shambaugh, "China's Soft-Power Push."

(65) Bethany Allen-Ebrahimian, "This Beijing-Linked Billionaire Is Funding

Policy Research at Washington's Most Influential Institutions," *Foreign Policy*, November 28, 2017, http://foreignpolicy.com/2017/11/28/this-beijing-linked-billionaire-is-funding-policy-research-at-washingtons-most-influential-institutions-china-dc/.

(66) Erik Larson, "HNA's NYC-Based Charity Registers with N.Y. Attorney General," Bloomberg, September 29, 2017, www.bloomberg.com/news/articles/2017-09-29/hna-s-nyc-based-charity-registers-with-n-y-attorney-general-j86923jj.

(67) "HNA Foundation Says Not Seeking Tax Exempt Status," Reuters, July 15, 2018, www.reuters.com/article/us-hna-taxation/hna-foundation-says-not-seeking-tax-exempt-status-idUSKBN1K50PD; Alexandra Stevenson, "HNA Will Transfer Co-Chairman's Stake as Ownership Doubts Linger," *New York Times*, July 13, 2018, www.nytimes.com/2018/07/13/business/hna-co-chairman-death-stake.html.

(68) Michael Forsythe and Alexandra Stevenson, "Behind an $18 Billion Donation to a New York Charity, a Shadowy Chinese Conglomerate," *New York Times*, July 26, 2017, www.nytimes.com/2017/07/26/business/hna-group-billion-donation-new-york-charity.html; Prudence Ho, "HNA Charity Names CEO, Pledges to Give Away $200 Million," Bloomberg, December 15, 2017, www.bloomberg.com/news/articles/2017-12-15/hna-group-charity-names-ceo-pledges-to-give-away-200-million.

(69) Margaret Vice, "In Global Popularity Contest, U.S. and China—Not Russia—Vie for First," Pew Research Center, August 23, 2017, www.pewresearch.org/fact-tank/2017/08/23/in-global-popularity-contest-u-s-and-china-not-russia-vie-for-first/.

(70) Julie Hirschfeld Davis, Sheryl Gay Stolberg, and Thomas Kaplan, "Trump Alarms Law-makers with Disparaging Words for Haiti and Africa," *New York Times*, January 11, 2018, www.nytimes.com/2018/01/11/us/politics/trump-shithole-countries.html.

(71) "What Does China Really Spend on Its Military?" China Power, December 28, 2015, https://chinapower.csis.org/military-spending/.

(72) Nikita Vladimirov, "Russia, China Making Gains on U.S. Military Power,"

The Hill, March 18, 2017, http://thehill.com/policy/defense/324595-russia-china-making-gains-on-us-military-power.

(73) Steven Lee Myers, "With Ships and Missiles, China Is Ready to Challenge U.S. Navy in the Pacific," *New York Times*, August 29, 2018, www.nytimes.com/2018/08/29/world/asia/china-navy-aircraft-carrier-pacific.html.

(74) 最近のレポートの決定版は、Michael Brown and Pavneet Singh, "China's Technology Transfer Strategy: How Chinese Investments in Emerging Technology Enable a Strategic Competitor to Access the Crown Jewels of U.S. Innovation," Defense Innovation Unit Experimental (DIUx), January 2018, https://diux.mil/library. また、以下も参照。Jane Perlez, Paul Mozur, and Jonathan Ansfield, "China's Technology Ambitions Could Upset the Global Trade Order," *New York Times*, November 7, 2017, www.nytimes.com/2017/11/07/business/made-in-china-technology-trade.html; David Barboza, "How This U.S. Tech Giant Is Backing China's Tech Ambitions," *New York Times*, August 4, 2017, www.nytimes.com/2017/08/04/technology/qualcomm-china-trump-tech-trade.html.

(75) Paul Mozur and Jane Perlez, "China Bets on Sensitive U.S. Start-Ups, Worrying the Pentagon," March 22, 2017, www.nytimes.com/2017/03/22/technology/china-defense-start-ups.html.

(76) Pei, "A Play for Global Leadership," 44.

第8章　民主主義への信頼は失われているのか？

(1) Amartya Sen, "Democracy as a Universal Value," *Journal of Democracy* 10 (July 1999): 12.

(2) Juan J. Linz and Alfred Stepan, *Problems of Democratic Transition and Consolidation: Southern Europe, South America, and Post-Communist Europe* (Baltimore: Johns Hopkins University Press, 1996), 5–7; Larry Diamond, *Developing Democracy: Toward Consolidation* (Baltimore: Johns Hopkins University Press, 1999), 64–71.

(3) Roberto Stefan Foa and Yascha Mounk, "The Democratic Disconnect,"

Journal of Democracy 27 (July 2016): 5–17.

(4) Ibid., 7.

(5) Lee Drutman, Larry Diamond, and Joe Goldman, "Follow the Leader: Exploring American Support for Democracy and Authoritarianism," Democracy Fund Voter Study Group, March 2018, www.voterstudygroup.org/publications/2017-voter-survey/follow-the-leader.

(6) ピュー・リサーチ・センターの調査では46％とかなり低い数値が出ているが、民主主義に対する満足度は政治や経済の状態に応じて変動するため、不安定な指標である。

(7) Richard Wike et al., "Globally, Broad Support for Representative, Direct Democracy," Pew Research Center, October 16, 2017, www.pewglobal.org/2017/10/16/globally-broad-support-for-representative-and-direct-democracy/.

(8) Drutman, Diamond, and Goldman, "Follow the Leader," figure 11.

(9) Ibid., 18–27.

(10) Joe Ruiz, "Trump Again Questions Maxine Waters' Intelligence, Says She's 'Very Low IQ,'" CNN, March 11, 2018, www.cnn.com/2018/03/10/politics/trump-waters-low-iq-individual/index.html; Christina Caron, "Trump Mocks LeBron James's Intelligence and Calls Don Lemon 'Dumbest Man' on TV," *New York Times,* August 4, 2018, www.nytimes.com/2018/08/04/sports/donald-trump-lebron-james-twitter.html

(11) Wike et al., "Globally, Broad Support," 26–29.

(12) Drutman, Diamond, and Goldman, "Follow the Leader," 6–7.

(13) Abraham Maslow, "A Theory of Human Motivation," *Psychological Review* 50 (July 1943): 370–96.

(14) Ronald Inglehart and Christian Welzel, *Modernization, Cultural Change, and Democracy: The Human Development Sequence* (Cambridge: Cambridge University Press, 2005), 54; Ronald Inglehart, *Culture Shift in Advanced Industrial Society* (Princeton, N.J.: Princeton University Press, 1990) も参照。

(15) Inglehart and Welzel, *Modernization,* 60.

(16) Ronald F. Inglehart, "The Danger of Deconsolidation: How Much

Should We Worry," *Journal of Democracy* 27 (July 2016): 22.

(17) www.latinobarometro.org/latOnline.jspで行われた2016年ラティーノ・バロメーターのオンラインデータ分析; "Informe 2017," Corporación Latinobarómetro, www.latinobarometro.org/latNewsShow.jsp. 人々が「民主主義はつねに好ましい」と考えるか、「時には権威主義的な統治が好ましいこともある」と考えるかといった、民主主義への支持を示す別の指標に対する平均的な支持率は低く（2017年には53%のみ）、2010年の61%からは同じく緩やかではあるが着実に低下傾向をたどっていることがわかる。

(18) このデータは、2014年６月から2016年６月（国によって異なる）の間に実施された、東・東南アジアの14カ国対象としたアジアン・バロメーター第四波の結果である。www.asianbarometer.org/survey/survey-timetableを参照。ここでは、この14カ国のうち、ある程度民主主義の経験を持つ７カ国のみを取り上げ、思想・表現の自由に対する制約があり、データの解釈が難しいシンガポールやマレーシア、そして中国やベトナムなどの共産主義国は除外した。

(19) "Asian Barometer Survey of Democracy, Governance, and Development," www.asianbarometer.org/pdf/core_questionnaire_wave4.pdf.

(20) afrobarometer.orgで行われたオンラインデータ分析。その後、アフリカのいくつかの国についてもデータが掲載された。

(21) メディアの監視に関する質問は、2014～2016年のもの。直近の調査ではこの質問は行われていない。

(22) www.arabbarometer.org/content/online-data-analysisで行われたオンラインデータ分析。

(23) この６カ国とは、アルジェリア、ヨルダン、レバノン、モロッコ、パレスチナ（ヨルダン川西岸とガザ地区の両地域）、チュニジアである。このアラブ・バロメーター第四波のデータは、2018年８月４日アクセス。

(24) Michael Robbins, "Tunisia Five Years After the Revolution: Findings from the Arab Barometer," Arab Barometer, May 15, 2016, www.arabbarometer.org/country/tunisia.

(25) データ出典は、G7についてはピュー・リサーチ・センターの2017年度調

査。その他については、前述の地域別バロメーター。G7に関して使用された質問は、代議制民主主義への支持を問うものである。

(26) "Do Africans Still Want Democracy?" (news release), Afrobarometer, November 22, 2016, http://afrobarometer.org/sites/default/files/press-release/round-6-releases/ab_r6_pr15_Do_Africans_want_democracy_EN.pdf.

侵食される民主主義（上）
内部からの崩壊と専制国家の攻撃

2022年 2 月20日　第 1 版第 1 刷発行
2022年12月20日　第 1 版第 4 刷発行

著　者　ラリー・ダイアモンド

監訳者　市《いち》原《はら》麻《ま》衣《い》子《こ》

発行者　井　村　寿　人

発行所　株式会社　勁《けい》草《そう》書　房

112-0005 東京都文京区水道2-1-1　振替 00150-2-175253
（編集）電話 03-3815-5277／FAX 03-3814-6968
（営業）電話 03-3814-6861／FAX 03-3814-6854
堀内印刷所・松岳社

ISBN978-4-326-35183-1　　Printed in Japan